アルゲリッチとポリーニ

ショパン・コンクールが生んだ2人の「怪物」

本間ひろむ

光文社新書

まえがき

もう何十年も、日本人のお気に入りのピアニストはマウリッツィオ・ポリーニとマルタ・アルゲリッチだ。ショパン・コンクールでの優勝がその理由の一つであり、サムライの地でこの二人は半神のごとく崇拝されている。

これは『マルタ・アルゲリッチ　子供と魔法』（オリヴィエ・ベラミー著／藤本優子訳・音楽之友社）の本文で登場する文章だ。日本人ではなく、フランス人音楽ジャーナリストの視点からそう語られたのである。

半神のごとく崇拝されているかどうかは別にして、サムライの地で批評家をしている私の目から見ても日本人の大好きなピアニストはアルゲリッチとポリーニであることに間違いはない。ピアノを習っている人口はとても多いくせに演奏会は満員にならないこの国で、彼らの来日コンサートのチケットを手に入れるのはまさに至難の業《わざ》。クラシック界においてこの2人は別格なのである。

オリヴィエ・ベラミーが指摘するとおり、ともにショパン・コンクール優勝を機に世界的ピアニストの仲間入りを果たした2人なのだけれど、「情感豊かに感性で弾く」アルゲリッチに対し「完全無欠な演奏を披露する」ポリーニ。そう、2人の演奏スタイルは正反対。レパートリーもショパンはもとよりチャイコフスキーやラフマニノフといったロマン派を得意とするアルゲリッチに対し、ポリーニはベートーヴェンやシューベルト、ブラームス、シェーンベルクなどの20世紀音楽など中央ヨーロッパ型・巨匠ピアニストの王道を行くもの。

「目の前にいる愛する女を運命の人だと思うのがロマンチスト、たくさんいるいい女の一人に過ぎないと思うのがリアリスト」というセリフが『ハッピーエンドが書けるまで』（ジョシュ・ブーン監督）という映画に登場するが、まさにこの2人に当てはまる。

アルゲリッチは恋人が去ったと言ってベッドの上で3ヶ月も泣いている、そうロマンチストなのだ。奔放な交友関係、すべて父親の違う3人の娘をもうけるなどひとりの女性としてもドラマティックな人生を歩んできた。だからこそ、ホロヴィッツに負けないくらいエモーショナルな（あるいはデモーニッシュな）ラフマニノフのピアノ協奏曲第3番が弾けるのだ。

一方のポリーニは、ショパン・コンクールで優勝したのにも拘《かかわ》らず直後からさっと姿を消し、自分に足りないものをきちっと勉強するために8年間を費やした。ミケランジェリやルービンシュタインの下でピアノの研鑽《けんさん》を積んだだけではなく、ミラノ大学に通って物理学と美学を学んだ。なんというクールガイ。そして、彼はほとんど自らの私生活を語らない。ピアニストとしての活動だけが人生ではない、と割り切るリアリストなのである。そんな明晰な頭脳を持つからこそ難解な現代音楽に光を当てることができるのだ。

もちろん欧米でもピアニストの頂点に君臨する2人なのだけれど、興味深いことにアルゲリッチもポリーニもサムライの地・日本が大好きなのだ。それはなぜなのか。そして、2人に接点はあるのか。

わが国は奇しくも5年に一度の「ショパン・コンクール2020」という大イベントの話題で盛り上がっている。そんな今だからこそ、日本人にとってのピアノスターである2人の物語をこうした様々な「なぜ」を解き明かしつつ、音楽的事象を時系列に沿って追ってみようというのが本書の趣旨である。この2人の物語はそのまま20世紀後半から現在までのクラシック音楽史としても見ることができる。

さて、彼らの物語を始める前にまずは序章で日本人とピアノ文化の背景から。

アルゲリッチとポリーニ

目次

マルタ・アルゲリッチ
Martha Argerich

1941年6月5日、アルゼンチン・ブエノスアイレス生まれ。５歳でヴィンチェンツォ・スカラムッツァの下でレッスンを始める。1957年、ブゾーニ国際ピアノ・コンクールとジュネーヴ国際音楽コンクールで優勝。1965年のショパン国際ピアノ・コンクールでは情熱的な演奏スタイルでセンセーションを巻き起こして優勝。以降、じゃじゃ馬のようなという慣用句が定着するくらいバリバリ弾き倒し、女性ピアニストのイメージを一新した。私生活でも２回結婚し、それぞれ父親の違う３人の娘をもうけるなど話題を呼ぶ。近年は「別府アルゲリッチ音楽祭」などで仲間たちとの室内楽を中心に音楽活動を展開している。ポリーニとともに世界最高のピアニストと呼ばれている。

マウリツィオ・ポリーニ

Maurizio Pollini

1942年1月5日、イタリア・ミラノ生まれ。5歳でピアノを始め、カルロ・ロナーティに師事。ジュゼッペ・ヴェルディ音楽院に入学後、ポッツォーリ国際ピアノ・コンクール優勝。1960年のショパン国際ピアノ・コンクールに満場一致で優勝。その後約8年間の沈黙ののち、復活。ドイツ・グラモフォンからリリースしたショパン《練習曲集》は世界に衝撃を与えた。高いテクニックを持つ完全無欠のピアニスト。ベートーヴェンを中心にしたドイツ音楽とともにシェーンベルク、ノーノなどの現代音楽も積極的に取り上げる一方、「ポリーニ・プロジェクト」で指揮をするなどピアニスト以外の横顔も見せる。アルゲリッチとともに世界最高のピアニストと呼ばれている。

＊本文中のピアニスト及び主な音楽家には出生年と出生地を記しています。没年は割愛しています。

序章

なぜ日本人はこんなにもピアノ音楽が好きなのか

ショパン・コンクール初の日本人入賞者

わが国に国産ピアノが誕生したのは1900年（明治33年）。ヤマハのアップライトピアノである。

それから約1世紀のち、2002年には日本人ピアニスト上原彩子（1980年、高松生まれ）がチャイコフスキー国際コンクール（以降、チャイコフスキー・コンクール）・ピアノ部門で優勝した。ファイナルの晴れ舞台でヤマハのグランドピアノ「NEW CFⅢS」を演奏しての優勝というおまけ付きだ。

彼女の晴れ姿が象徴するように現在、日本人音楽家はありとあらゆる国際コンクールに優勝・入賞を果たしている。ベルリン・フィルハーモニー管弦楽団の第1コンサートマスターも日本人（樫本大進）である。ウィーン・フィルハーモニー管弦楽団のニューイヤー・コンサートも振っている（2002年の小澤征爾）し、バイロイト音楽祭の指揮台にも立っている（2005年の大植英次）。名実ともにすっかりクラシック大国になったという印象である。

ただし、日本人演奏家が唯一手にしていないタイトルがある。フレデリック・ショパン国際ピアノ・コンクール（以下、ショパン・コンクール）優勝である。

日本人ピアニストが初めてショパン・コンクールに入賞したのは1955年の第5回大会。田中希代子（1932年、東京生まれ）の10位。このとき優勝したのは地元ポーランドのアダム・ハラシェヴィチ（1932年、ホジェシ生まれ）。この審査結果を不服として審査委員のアルトゥーロ・ベネデッティ・ミケランジェリ（1920年、ブレシア生まれ）が審査の議事録へのサインを拒んだというエピソードも残っている。ミケランジェリが推していた大本命ウラディーミル・アシュケナージ（1937年、ニジニ・ノヴゴロド生まれ）が優勝できなかったことへの不満である。ちなみにアシュケナージはのちに指揮者としての活動を開始し、2004年から2007年までNHK交響楽団の音楽監督（前任者はアルゲリッチの元夫シャルル・デュトワ）を務めたのでおなじみの方も多いと思う。

田中希代子は1952年のジュネーヴ国際音楽コンクールで2位、翌1953年のロン＝ティボー国際コンクールで4位を獲得するなど、彼女は初めての主だった国際コンクールに入賞した日本人音楽家であり、ショパン・コンクールにおいても日本人初の入賞者であった。

幼少時からピアノ教育の黎明期に欠かせない2人の大家（井口基成《もとなり》、安川加壽子《かずこ》）に師事し、日本音楽コンクールで2位になった翌年（1950年）からフランスへ留学。パリ音楽院ではラザール・レヴィに師事（彼の門下生にはモニク・アース、クララ・ハスキルらがいる）。よい師匠に恵まれ、次々に国際的なコンクールにも入賞を果たしたいわばフロンティアである。

ただ、わが国が田中希代子を生み出すまでには順調にステップを踏んでいたわけではない。田中より50年近く前に生まれた久野久《くのひさ》（1886年、大津生まれ）は、欧州滞在中に自殺をするという痛ましい事件も起きている。日本を発つ直前までは東京音楽学校の教授の地位にあり「ベートーヴェンの大家」と持て囃《はや》されていた彼女だったが、ヨーロッパの地で日本で学んだスキルを真っ向から否定され、絶望しホテルの屋上から飛び降りたのだ。

帝王カラヤンがやって来た！

さて、田中希代子がショパン・コンクールで入賞する1年前（1954年）に単身初来日を果たしていた指揮者ヘルベルト・フォン・カラヤン（1908年、ザルツブルク生まれ）は、1957年10月31日、ベルリン・フィルハーモニー管弦楽団の面々を率いて羽田空港に降り立っていた。花束を持って出迎えたのは八千草薫、雪村いづみという当時の人気女優たち。3年前はNHK交響楽団（以降、N響）を振ったカラヤンだが、今度はベルリン・フィルを率いての華々しい来日である。そして3日後の11月3日、旧NHKホールに集まった聴衆はワーグナーの楽劇《ニュルンベルクのマイスタージンガー・第1幕への前奏曲》で度肝を抜かれることになる。

帝王と呼ばれる世界的な指揮者が日本の聴衆の前で本場の演奏を展開した。このように、1950年代は日本がクラシック音楽においても世界的なマーケットとしてのエビデンスを手に入れた時期なのだ。

そのわずか3年後の1960年。カラヤン&ベルリン・フィル来日公演のお返しとばかりに今度はN響が初めてのヨーロッパ・ツアーに出かけるのだ。ソリストは、ピアニスト園田高弘（1928年、東京生まれ）、ピアニスト松浦豊明《とよあき》（1929年、大阪生まれ）、チェリスト堤剛《つつみつよし》（1942年、東京生まれ）、ピアニスト中村紘子（1944年、山梨生まれ）である。中でも着物姿でショパンの《ピアノ協奏曲第1番》を弾く弱冠16歳（当時）の中村紘子は、ヨーロッパの聴衆に強烈なインパクトを残した。この模様はもちろんNHKでオンエアされた。カラヤン&ベルリン・フィルのスメタナ《交響詩・モルダウ》もカラヤンがN響を振ったベートーヴェン《交響曲第5番・運命》もみんなNHKのテレビとラジオでオンエアされた。

さらに5年後、1965年のワルシャワ。第7回ショパン・コンクールに出場した中村紘子は、見事4位に輝いた。この時に優勝したのがマルタ・アルゲリッチである（そして、1960年の優勝者はマウリツィオ・ポリーニだ）。

1950年代に世界のクラシック音楽界の仲間入りを果たした日本は、1960年代に入って待望のドメスティックなスターを生み出した。中村紘子である。

中村紘子というピアノスター登場

田中希代子の名を知る日本人は（残念ながら）よほどのクラシックマニアかピアノ関係者に限られる。けれど中村紘子はみんなが知っている（スマホでYouTubeばかり見ている若者層は除くが）。オカダ・カズチカは知らなくともアントニオ猪木はみんな知っているレベルに有名である。

彼女はN響を引き連れてヨーロッパ・ツアーを成功させ、ショパン・コンクールに入賞し、1974年に当節の芥川賞作家・庄司薫と結婚した。

庄司薫は都立日比谷高校から東大法学部へ進んだエリートである。ひと昔前の「一中→一高→東京帝大」というフェアウェイど真ん中の超エリートコースを歩んできたのだ。その庄司薫と会った時、「法学部です」と言った彼の言葉を中村は「邦楽部？　太鼓かつづみでもやるのかしら」と思ったというから驚きである。そして、庄司は中村のレコードに収録されているショパンの曲を次々に披露したという。

こうしたエピソードのひとつひとつが、敗戦国日本がどんどん発展していく高度経済成長の象徴として口々に語られていくのだ。この夫婦、ウォークマンを生み出したソニーの会長やら国会議員やら駐日アメリカ大使やら各界著名人との付き合いも広い。日本にそんなものがあるかどうか分からないが、社交界の華である。小渕元首相の葬儀にはショパンのノクターンを追悼演奏している。

中村紘子

彼女がこのような〝社交の華〟になるには原体験があった。ショパン・コンクールで入賞した夜のレセプションでアメリカ文化担当官の自宅に招かれた。そこにはアメリカ大使夫妻、アルゼンチン大使夫妻、アルゲリッチとその母親、アメリカ人のコンクール出場者たちが顔を揃えていて、和やかなアットホームな雰囲気で談笑していたという。経験したことのない疎外感。そのとき中村は、ショパンを美しく純粋に演奏するだけではダメなのだと思ったのだ。

彼女が4位入賞を果たした次のショパン・コンクールで、内田光子（1948年、熱海生まれ）が2位入賞を果たす。

だが、元々外交官の娘として十代の頃からヨーロッパで暮らしていた内田と、日本で育ち果敢にアメリカやヨーロッパに飛び出していった中村とはそもそも立ち位置が違った。

内田はその後もロンドンを中心に演奏活動を続け、ドイツ音楽を中心に深い思索とピアニズムに磨きをかけている。日本には思い出したようにピアノを弾きに帰ってくるのみだ。その姿はポリーニのような求道者を思わせる。音楽家としての内田の姿勢は「ベートーヴェンがいて、私がいる」というスタンスだ。中村をはじめ多くのピアニストは「私がいて、ショパンがいる」と思っている。そこが大きく違う。

中村ももちろんアメリカやヨーロッパに拠点を移して世界的な演奏活動を展開することもできたはずだが、芥川賞作家の夫とともに日本に腰を据えてセレブリティとしての生き方をチョイスした。

それでも、中村はチャイコフスキー・コンクールやショパン・コンクールの審査員を務めるなど、ヨーロッパの楽界でプレゼンス（存在感）を示し続けた。そして、そんな国際コンクール審査員の経験をもとに『チャイコフスキー・コンクール』（1988年、中央公論新社）を上梓。その次の『ピアニストという蛮族がいる』（1992年、文藝春秋社）は文藝春秋読者賞を受けるなど、執筆活動でも名声を得る。芸術家、社交界の華、文化人。中村紘子は多くの顔を持ち始めた。

文化の成熟とクラシック音楽

1970年（昭和45年）前後。時は高度経済成長期。ニューファミリーと呼ばれた人々は都市部にできた団地に住み、3Cと呼ばれる耐久消費財（カラーテレビ、クーラー、カー）を手に入れ、収入が増えると今度は郊外にできた一戸建て住宅をローンで購入。リビングルームの窓にはレースのカーテン、壁際にはヤマハやカワイのアップライトピアノが鎮座した。他方の壁際に置かれたカラーテレビは、月を歩く宇宙飛行士、オリンピックで金メダルを掲げるアスリート、ヘルメットをかぶって角棒を持った大学生たち、山荘の壁をぶち壊すクレーンの映像。小さな魔法の箱は実に様々な風景を映し出した。

その中に、着物姿でピアノを弾く中村紘子、真っ赤なドレスを着てコーヒーのCMで微笑む中村紘子もいた。芥川賞作家と結婚した世界的ピアニストは、この国のスターになり、夫婦揃ってショーケースに入ったセレブリティになったのだ。

文化の成熟？　あるいはそのプロセスにあったのかもしれないが、我々が行っていたものの正体は〝消費〟である。

ピアノメーカーのヤマハとカワイは全国にピアノ教室を展開した。そして生徒たちにピアノを売った。そして、幼い男の子と女の子はバイエルをさらい、モーツァルトをさらい、発表会で拙《つたな》いピアノを弾いた。それを見て、そのお友達もピアノを買った。ピアノを習っていてもうまくクラシック音楽に馴染めない生徒やピアノが置けない住環境の人々（経済的な事情も含めて）に対しては、ヤマハはエレクトーン、カワイはドリマトーンという電子オルガンを投入した。スキルを磨いて電子オルガン奏者になったらなったで、結婚式や各種イベント会場（野球の試合でも電子オルガンが演奏されていた）でBGMを演奏するなど活躍の場はあったのだ（特にエレクトーンは独自に進化していてオペラのオーケストラの部分を1台で演奏できるので、最近はちょっとしたオペラの名曲演奏会などに重宝している）。

高度経済成長の象徴として東京オリンピック（1964年）や大阪万博（1970年）があった。

我々は大阪万博にスヴャトスラフ・リヒテル（1915年、ジトミール生まれ）が来るといえばチケットを買い、ムラヴィンスキーの代わりに来たサー・ジョン・バルビローリにもちゃんと拍手を送った。カラヤンが来るとチケットを買った。アルゲリッチが来るとチケットを買った。ポリーニが来るとやっぱりチケットを買った。買えない時はＮＨＫがちゃんとその模様をオンエアしてくれた（多くの者がＮ響の定期会員になった）。

バブル期に入ると拍車をかけるように様々な大物アーティストが来日コンサートを行った。１９８３年には満を持してウラディーミル・ホロヴィッツ（１９０３年、キエフ生まれ）が初来日したが、老評論家に「ヒビの入った骨董品」と評されてしまう。アルゲリッチが憧れたホロヴィッツ。彼女のその様を見てアルトゥーロ・ベネデッティ・ミケランジェリが嫉妬したホロヴィッツ。だが、ホロヴィッツはある事情でコンディションが悪かった。そんな時もある。

そのわずか2年後（１９８５年）、ホロヴィッツの失態を挽回するかのように、ブーニン・ブームが起こった。19歳でショパン・コンクールに優勝したスタニスラフ・ブーニン（１９６６年、モスクワ生まれ）の特集番組をやっぱりあのＮＨＫが組んだのだ。我々は『衝撃のショパン・コンクール・ライヴ』という今にして思えば大げさなタイトルのレコードを喜んで買った。このミスタッチだらけのレコードをきっかけにクラシックを聴き始めた人もたくさんいる。

ほどなく彼は旧ソ連からドイツに移住し、ＥＭＩと契約してレコードも数枚リリースしたが、いつの間にか姿を見かけなくなった（日本のブームのあと日本人の奥さんをもらうあたりベイ・シティ・ローラーズのレスリー・マッコーエンのようでもある）。あまりにも小さな比熱。そいつが小さいほどちょっとした燃料を投下するだけですぐフィーバー（炎上？）する。だが冷めるのも早い（アルゲリッチとポリーニは比熱が大きいので、時間がかかる分しっかり人気が定着した）。

ＮＨＫはその後も埋もれていたピアノスター、イングリッド・フジコ・ヘミング（1932年、ベルリン生まれ）に光を当て、彼女もスターになった。そのおかげで、中村紘子しか満員にできなかった地方のホール（そのほとんどにスタインウェイ&サンズのコンサート・グランド・ピアノが鎮座している）を埋めるキラーコンテンツが一つ増えた。もう一つ増やそうと画策したわけではないだろうが、全盲の天才作曲家の番組をオンエアし様々な事情でコケてしまったが……。

ＮＨＫだけではない。フジテレビは五嶋みどり（1971年、大阪生まれ）の弟でヴァイオリニストの五嶋龍《りゅう》（1988年、ニューヨーク生まれ）を彼が小学生の頃から追いかけていたし、ＢＳ朝日は全盲のピアニスト辻井伸行（1988年、東京生まれ）のドキュメンタリー番組を制作した。

そのマスメディアの特性を最大限に生かした手法は全くもってアメリカのそれである。『エド・サリヴァン・ショー』でリムスキー＝コルサコフの《熊蜂の飛行》やヴィエニャフスキの《華麗なるポロネーズ》を演奏した車椅子姿の青年（イツァーク・パールマン）を一晩でスターにしたように、タングルウッド音楽祭で二度も弦を切りながらレナード・バーンスタイン（1918年、ローレンス生まれ）の《セレナード》を弾ききった14歳の少女（五嶋みどり）が翌日のニューヨーク・タイムズの一面を飾ったように。NBCのオーケストラを振るアルトゥーロ・トスカニーニ（1867年、パルマ生まれ）のように岩城宏之や外山雄三がN響を振ってベートーヴェンを演奏し、山本直純はレナード・バーンスタインのように面白おかしくオーケストラをいじりながらテレビショーを展開した。

スター・システム？　そうスター・システム。朝日新聞や毎日新聞だって太田幸司やジャンボ仲根といった甲子園のニューカマーを紙面に載せることで部数を伸ばし、それを見た読売新聞は長嶋茂雄、王貞治で部数を伸ばした。1950年代のハリウッドのスタジオ然《しか》り。デトロイトのモータウン・レコード然り。宝塚歌劇場然り。日本放送協会然り、なのである。

ショパン・コンクールでの日本人優勝者待望論

その後もショパン・コンクールは、〝ヨーロッパ楽界の異端児〟（イーヴォ・ポゴレリチ）や〝中国のキムタク〟（ユンディ・リ）を生み出した。そして、我々日本人は熱狂を持って彼らを迎えた。我々はなぜかオリンピック金メダリストとショパン・コンクール・ウィナーを特別視する。

とはいうものの、近年は〝クリスティアン・ツィメルマン以来30年ぶりの母国ポーランド出身ピアニスト〟（ラファウ・ブレハッチ）や〝アルゲリッチ以来45年ぶりの女性ピアニスト〟（ユリアンナ・アヴデーエワ）とスター性のある才気あふれる優勝者が続いたが、日本での熱狂ぶりは今ひとつ。考えられるその理由はふたつ。

1　我々はアルゲリッチとポリーニを超えるピアニストじゃないと驚かないくらいに耳が肥えてしまったこと。例えば、アルゲリッチの代役でシャルル・デュトワ&ボストン交響楽団と共演したユジャ・ワン（1987年、北京生まれ）。彼女はこの時のチャイコフスキーで一躍スターになった。彼女はアヴデーエワよりも日本の聴衆に支持されている。

2　我々はここに来て日本人のショパン・コンクール・ウィナーを待望している。

ここでもう一度、中村紘子先生にご登場願う。

中村は基本的に弟子を取らず、音楽大学で後進の指導を行うこともしなかった。第2回大会（1992年）から浜松国際ピアノコンクールの審査委員、第3回大会から審査委員長に就任した。そして、ここでは本選に先駆けてアカデミーを開催し、多くの生徒を自らの目で見た。レッスン中に泣きながら会場から出てくる生徒もいたという。やるとなれば手厳しい先生だった。このコンクールやアカデミーには、のちにショパン・コンクールの覇者ラファウ・ブレハッチ（1985年、ナクウォ・ナデ・ノテション生まれ）や、のちにチャイコフスキー・コンクールの覇者になる上原彩子も顔を出している（2人とも浜松では第2位）。

そんな中から中村はダイヤモンドの原石を見つけてしまう。チョ・ソンジン（1994年、ソウル生まれ）である。

3年に一度開催されるこのコンクールは、中村自身が参加年齢の下限を撤廃したことから、年少のピアニストが多く参加する。チョ・ソンジンは14歳で浜松のアカデミーに参加し、15

歳で２００９年浜松のコンクールの覇者になっているが、中村と初めて出会ったのはその前年２００８年、韓国のとあるコンクールでのこと。審査員として参加していた中村は審査員仲間から弟子のチョ・ソンジンを紹介されたのだ。

それから何かにつけソンジンに目をかけ、ソンジンは２０１１年にチャイコフスキー・コンクールに3位で入賞した後、ショパン・コンクールを制している。この大会では、9歳でカーネギー・ホールデビュー、14歳でＣＤデビューを果たしている日本人ピアニスト小林愛実《あいみ》（１９９５年、宇部生まれ）がファイナルまで進んでいるのが最高位。中村紘子の秘蔵っ子チョ・ソンジンが優勝を飾ったが、中村は日本人のショパン・コンクール・ウィナーを育てることなく他界した。

実はまだまだ、中村の秘蔵っ子がいる。まずは、２０１６年の浜松国際ピアノ・アカデミー・コンクールに優勝した逸材、藤田真央（１９９８年、東京生まれ）である。中村は「藤田くんのラフマニノフの協奏曲第3番に恋しちゃったわ」という言葉を残しているように、若いながら強靱《きようじん》なテクニックを持ちながらも、リリカルなピアノを弾く。14歳でデビュー・アルバムをナクソスよりリリース。２０１７年のクララ・ハスキル・ピアノ・コンクールで優勝し、２０１９年のチャイコフスキー・コンクールでは2位に入賞。そのロマンティシズムに満ちた彼のピアニズムは、どちらかといえばショパン・コンクールに合っているのではないかという声も聞く。

もうひとりは藤田真央より一つ若い、牛田智大《ともはる》（1999年、いわき生まれ）である。彼もショパン国際ピアノ・コンクール in ASIAで8歳の時から5年連続優勝し、2012年の浜松国際ピアノ・アカデミー・コンクールにも優勝。同じ年、日本人最年少でユニバーサル・クラシックからCDデビューを果たしている。

牛田智大が12歳、藤田真央と小林愛実が14歳でCDデビューするなど、日本の若きピアニストの早熟化（ヴァイオリンにも吉村妃鞠《ひまり》という天才少女がいる）が進んでいて、これは日本のクラシック音楽界の新しいトレンドである。

私のiPhoneに入っている小林愛実のデビュー・アルバムを聴いてみる。1曲目のバッハ《パルティータ第2番》の「シンフォニア」が流れてくると思わずニヤリとしてしまう。和音の入り方からしてアルゲリッチの真似をしないように意識してる（この曲はアルゲリッチの得意曲だ）。続くベートーヴェン《ワルトシュタイン》にはポリーニがかつて「ポリーニを囲む会」で観客に請われ披露したオクターブ・グリッサンドが登場する。

こんなところにもアルゲリッチとポリーニの遺伝子がしっかりと息づいている。

第1章

ミケランジェリと2人のショパン・コンクール覇者
（1941年〜1967年）

ブエノスアイレス時代のアルゲリッチ

マルタ・アルゲリッチ。1941年6月5日、ブエノスアイレス生まれ。3歳でピアノを始め、5歳で〝ピアノ界の人食い鬼〟の異名をとるヴィンチェンツォ・スカラムッツァ(1885年、クロトーネ生まれ)というイタリア人に師事した。当時、ブエノスアイレスでピアニストになりたい者の最も賢明なチョイスだった。

スカラムッツァは13歳以上の生徒しか見なかったが、アルゲリッチとブルーノ＝レオナルド・ゲルバー(1941年、ブエノスアイレス生まれ)だけは例外だった。アルゲリッチ、ゲルバーともに5歳で彼のクラスに入った。

スカラムッツァはとても厳しいやり方で必要なテクニックを彼らに叩き込んだ。やり方自体は厳しいが教えるメソッドは適切なものだった。アルゲリッチもゲルバーも、ひとつ年下のダニエル・バレンボイム(1942年、ブエノスアイレス生まれ)も、これはという門下生はヴィルトゥオーゾ(超一流の演奏家・名人)として大成している。

スカラムッツァは時に「マルタは問題なく弾けてるよ」とゲルバーに言い、アルゲリッチには「ブルーノは君の20キロも先をいってるよ」と言ってお互いのライバル心を煽《あお》った。

だが、彼らはライバルというよりも姉弟のようだった。ゲルバーの父親がテアトロ・コロンのヴァイオリン奏者だったおかげで2人はオーケストラ・ピットに忍び込んで、奏者の誰かが音を外すと2人でクスクスと笑い合った。ヨーロッパで演奏活動をするようになってからも、アルゲリッチとゲルバーはお互いの演奏会に顔を出していた。

7歳になったアルゲリッチは、サン・マルティン劇場でモーツァルト《ピアノ協奏曲第20番》とベートーヴェン《ピアノ協奏曲第1番》を演奏した。初の公開演奏である（ゲルバーは7歳で小児麻痺にかかったため、デビュー演奏会は9歳だった。2人とも早熟の天才ピアニストである）。そして、マルタ・アルゲリッチは11歳でテアトロ・コロンでデビューを飾った（シューマンのピアノ協奏曲）。

10歳にもならない少女が次々と大舞台を踏めたのもマルタ・アルゲリッチにはファニータという強烈なステージママがいたからだ。ファニータは反ユダヤ政策の帝政ロシアから逃れてきたユダヤ人一家の娘である。

そうユダヤ人。

ひとつだけ例をあげると、数年前、東京の春音楽祭で若きユダヤ人ピアニストのボリス・ギルトブルグ（1984年、モスクワ生まれ）のラフマニノフ（プレリュード全曲）を聴いた。

それがまるで、50メートル先から全速力で走ってきてそのまま体当たりをしてくるようなピアノだったのだ。ユダヤ人は過剰を抱えている。若き日のアルゲリッチもそんなふうに体当たりをしてきたが、ファニータの抱えているものもえらく熱量の高いものだった（ユダヤ人の音楽的属性については拙著『ユダヤ人とクラシック音楽』光文社新書を参照されたし）。

さて、過剰を抱えたステージママのファニータは大学で出会った敵対する政治グループのボス同士であるファン・マヌエル・アルゲリッチ（ファニータは社会主義、ファン・マヌエルは右翼）と熱い議論を交わした末に結婚。マルタとその弟カシケが生まれた。やがてマルタに音楽的才能があることを見てとると、あらゆる手段を講じて〝ピアニスト〟マルタ・アルゲリッチをプッシュしようと腐心した。

ブエノスアイレスには有名な音楽家が代わる代わる訪れた。アルトゥール・ルービンシュタイン（１８８７年、ウッチ生まれ）、ワルター・ギーゼキング（１８９５年、リヨン生まれ）、アルフレッド・コルトー（１８７７年、ニヨン生まれ）、ピアニストだけではなく、ダヴィッド・オイストラフ（１９０８年、オデッサ生まれ）、ジノ・フランチェスカッティ（１９０２年、マルセイユ生まれ）、ヨゼフ・シゲティ（１８９２年、ブダペスト生まれ）といったヴァイオリニストが演奏会を開き、ある者はマスタークラスを行ったりした。ファニータは、彼らが来ると楽屋やホテルに押しかけ小さな天才少女のピアノを聴かせようとしたのだ（このバイタリティこそがユダヤ人の属性である）。

そして、ファニータがスカラムッツァと衝突してマルタがこの老教師のレッスンを受けられなくなってほどなく、運命のピアニストがブエノスアイレスを訪れる。

フリードリヒ・グルダ（１９３０年、ウィーン生まれ）である。

そう、Viennese Troika（〝ウィーン三羽烏〟の訳でお馴染み）のひとり、フリードリヒ・グルダである（あとの２人はイェルク・デムス、パウル・バドゥラ＝スコダ）。

フリードリヒ・グルダ

アルゲリッチはグルダのピアノに魅せられた。まだ20代前半だったグルダはそれまでの大時代的なピアノ演奏とは一線を画す、清廉なピアノを弾いていた。そこにあるのはアコーギグ（テンポを揺らせる技巧）ではなく淡々と未来へと導くリズム。駆使するデュナーミク（音の強弱で表現する技巧）。まだ十代だったマルタ・アルゲリッチは、自分の中にあるピアニズムと彼の持つ音楽性に共通の芽を発見していたのだ。

ファニータは我慢強く楽屋口でグルダを待ち続けた。果たして、グルダはアルゲリッチのピアノを聴くことになった。それまで弟子を取ることのなかった彼が、ヨーロッパに来るなら君の面倒を見る、という約束をした。


娘がヨーロッパでグルダの弟子になる、というプランにはさほど積極的ではなかったファニータだったが、熱病に冒されたような娘の様子を見て、ファン・ペロン大統領に掛け合った。アルゲリッチ親子と面談をした左翼系の大統領は、マルタの話を聞いて相反するイデオロギーを持つ父親ファン・マヌエルをウィーンの大使館へ外交官として、母親ファニータを大使館職員としてウィーン赴任を命じた（マルタを留学させるために！）。これでマルタ・アルゲリッチはウィーンに赴き、グルダの弟子になった。1955年のことである（同じ時期、クラウディオ・アバドもグルダのレッスンを受けていたが、こちらは才能なしの烙印を押され指揮者に転向して大きな成功を収めるのだから面白い）。

ここでやっと、マルタ・アルゲリッチはマウリツィオ・ポリーニと同じヨーロッパの大地に立ったことになる。

ポリーニのショパン・コンクール

1942年、マウリツィオ・ポリーニはミラノで生まれた。1月5日という誕生日はアルトゥーロ・ベネデッティ・ミケランジェリやアルフレート・ブレンデル（1931年、ロウチュナー・ナド・デスノウ生まれ）と同じ。父親はイタリアの合理主義を代表する建築家ジーノ・ポリーニ。1930年代にイタリアで起きた「近代建築運動」に参加していた。彼はヴァイオリンの腕もなかなかのものだったという。母親のレターナ・メロッティは声楽とピアノを学んでいて、著名な彫刻家ファウスト・メロッティの妹。この輝かしいDNAを受け継いだ男子が彫刻家か建築家になったとしても誰も不思議に思わないはずだ。この身近なアーティストたちは「現代性」に向かう傾向にあったとポリーニは言う。彼らはドビュッシーやラヴェル、ストラヴィンスキーを好み、ドイツ・オーストリア音楽にはあまり関心がなかったという（のちに自分がシュトックハウゼンやシェーンベルクに向かうのもDNAなのだと）。

マウリツィオ・ポリーニは5歳でピアノを弾き始め、音楽的才能を周囲に披露した。才能とはDNAに書かれたデータのことである。適切に我慢強く掘り起こせば、やがて化石燃料が噴き出すのだ。ポリーニが10歳の時、アルトゥーロ・トスカニーニがリハーサルをしているミラノ・スカラ座にこっそり潜り込んで衝撃を受けた。演奏されていたのはワーグナーだという。

それからポリーニは、ミラノに来るアルトゥール・ルービンシュタイン、ワルター・ギーゼキング、ヴィルヘルム・バックハウス（1884年、ライプツィヒ生まれ）、アルトゥーロ・ベネデッティ・ミケランジェリ、クララ・ハスキル（1895年、ブカレスト生まれ）の演奏会に通ったという。他にも、ディミトリ・ミトロプーロス（1896年、アテネ生まれ）といった指揮者の演奏会にも顔を出した。アルゲリッチがブエノスアイレスでしていたように、ポリーニもミラノで一流音楽家たちの演奏に生で触れていたのだ――。

9歳で小さなコンサートを開き、ポリーニは最初に公開演奏をした。5歳から9歳までカルロ・ロナーティに師事。彼は基礎を学んだ後は自由に弾かせてくれたという。その後、ミラノ音楽院に入ってカルロ・ヴィドゥッソに師事した。ここでショパンの《練習曲集》を徹底的にさらってコンサートで演奏した。

それからポリーニは、次々とコンクールにチャレンジを始める。1956年にブゾーニ国際ピアノ・コンクールで3位（当時14歳）、1957年のジュネーヴ国際音楽コンクールで男子部門の2位（当時15歳）。

驚くべき成果だと思うが、奇しくもこの年のジュネーヴ国際音楽コンクールでマルタ・アルゲリッチが女子部門で1位を獲得していた。そう我らがマルタ・アルゲリッチだ。決勝ではアルゲリッチはシューマンの《ピアノ協奏曲》を、ポリーニはベートーヴェン《ピアノ協奏曲第4番》を演奏した。大会のさなか、右寄り思想を持つ元イタリア王妃が会場に姿を見せた時、左寄りの考え方を持つポリーニが憤《いきどお》って見せたというエピソードが残っているが、ともかくポリーニは2位、アルゲリッチは1位だった。

アルゲリッチは当時16歳。グルダ（グルダは彼女の野性味のある独特のリズム感に体系的な秩序を与えた）のほか、ディヌ・リパッティの妻マドレーヌ・リパッティ、ニキタ・マガロフ（1912年、サンクトペテルブルク生まれ）、アビー・サイモン（1922年、ニューヨーク生まれ）に師事していた。ジュネーヴの直前にはブゾーニ国際ピアノ・コンクールで1位を獲得している。それも同じ年にだ。

彼女に刺激されたのかは分からないが、ポリーニは翌1958年のジュネーヴ国際音楽コンクールにもエントリーした。そして、前年と同じ2位（1位なしの2位!）に甘んじている。ポリーニがアルゲリッチのブラヴーラ（例えば快速テンポで難しいパッセージを弾くこと）を意識して演奏スタイルを変えていたら1位を獲得していたかもしれないが、今日のマウリツィオ・ポリーニはなかったはずだ。そう彼は我慢強く適切に、自らのピアニズムを貫いたのだ。

翌1959年、ポッツォーリ国際ピアノ・コンクールで優勝しジュゼッペ・ヴェルディ音楽院を卒業したポリーニは、いよいよ5年に一度の大きな大会にチャレンジする。ショパン・コンクールである。

果たしてマウリツィオ・ポリーニは審査員満場一致でのショパン・コンクール優勝を決めた。

そして、審査委員長のアルトゥール・ルービンシュタインはこう言った。

"That boy can play the piano better than any of us"

「今ここにいる審査員の中で、彼より巧く弾けるものが果たしているであろうか」という訳が一般的だがむしろ、この少年は我々の誰よりもピアノが上手《うま》い、というニュアンスである。

ただ、ポリーニ本人は「技術的には審査員の誰よりも上手く弾いた」と言ってみんなをからかっただけだと思っていた。それよりも、重要なアドヴァイスをルービンシュタインは彼に授けたという。

ルービンシュタインがもうひとりのピアニストを呼び、ポリーニとそのピアニストの背中に中指を押し付けこう言ったのだ。

「いつもこの強さで弾いている。だから疲れない」

それは中指を通して、腕や肩の力の入れ具合をポリーニに伝授したのだ。それはピアニストとしての最高のレッスンだったとポリーニは振り返る。

アルゲリッチがブエノスアイレスにやって来るヴィルトゥオーゾたちの演奏を目《ま》の当たりにし、スカラムッツァに鉄壁のテクニックを叩き込まれ、グルダやマガロフなどの名手から栄養を吸収している間に、ポリーニはミラノで修行僧のようにただただストイックにピアノを弾いていた。そして、ショパン・コンクールに挑んだ。

ショパンのスコアは極めて純粋な語法で書かれているのにもかかわらず、その内容は弾く者を狂気へと導く。多くのピアニストはアクセルを踏みすぎてバランスを崩す。それに引きずられることなく絶妙なショパンを演奏すること、ポリーニがワルシャワで展開したのはそういう演奏なのだ。

そしてショパン・コンクールを制した。建築家である父親ジーノ・ポリーニに、ショパン・コンクールで優勝できなかったら建築家になれ、と言われていた。ともかく、この優勝でポリーニは音楽への情熱が完全に明らかになり、ピアニストになることを決めたという。

この直後、パウル・クレツキ&フィルハーモニア管弦楽団とショパン《ピアノ協奏曲第1番》をEMIに録音し、さぁここからひとりのピアノスターが華々しくデビューしたぞ、と誰もが思った時、彼は雲隠れをしてしまう。まるで、ホロヴィッツの演奏を目の当たりにした時のルーヴィンシュタインのように——。

実はこの時、ポリーニはEMIとショパン《練習曲集》をアビーロード・スタジオで録音している。

のちにドイツ・グラモフォンに録音する音源とは全く別のものだ。プロデューサーはコンチェルトと同じピーター・アンドリー氏。しかし、ポリーニはこの録音のリリースを許諾していない。理由はわからない。もしかしたらドイツ・グラモフォンとの専属契約の話が持ち上がっていて、大人の事情があったのかもしれない。長い間、塩漬けになっていたこの録音が2011年になってテスタメントからリリースされた。何とも生々しく、輝かしい録音である。

1960年に話を戻す。コンサートピアニストとしての未来に直面した時、要求は非常に多く、それらの準備ができていなかったとポリーニは言う。そして、レパートリーを充実させる必要も感じていた。モーツァルト、シューマン、ベートーヴェン、シェーンベルク、ブーレーズ。彼らの音楽をもっと深く理解したい。

「音楽は私にとても多くのものを与えてくれる。勉強時間は大きな喜びだ」

とポリーニは言う。

演奏活動は時々リサイタル、それもイタリア国内に限定されていた。その一方で、ショパン・コンクールの翌1961年にはミラノ大学で物理学と美学を学んでいる。此の期に及んで物理学。忘れていけないのは彼はまだ十代だったのだ。ピアニストになる決意を胸に抱いていたものの、人生はそれだけではないと思っていたようだ。

そして、ポリーニは「僕を救えるのはあなたしかいない!」という手紙をアルトゥーロ・ベネデッティ・ミケランジェリに書き、ボルツァーノの彼の自宅でレッスンを受けた。ミケランジェリは、正確なテクニックとコントロールを手にしたイタリアのピアニストだ。

それから短い間だが、モンカリエリにある別荘でミケランジェリの弟子たちと暮らした。ここには既に彼女がいた。マルタ・アルゲリッチだ。

アルゲリッチのレコードデビュー

話を少し戻そう。

アルゲリッチはジュネーヴ国際音楽コンクールで優勝した後、ドイツ・デビューを飾っていた。ハンブルクでの演奏会は大成功を収めた。

その演奏を聴いたドイツ・グラモフォン社のアーティスティック・ディレクターのエルザ・シラー女史は、同社の専属契約を彼女にオファーした。彼女に何を弾いても構わないからレコードを作らせてくれ、と。そして高額のギャランティを約束する、と。

おそらくは世界中どの音楽家も内心ガッツポーズをするであろうこの提案に対し、アルゲリッチは「考えさせてください」と言った。そう言ったまま、何もなかったようにヨーロッパ中を演奏して回った。バーデン＝バーデン、フランクフルト、ベルリン、トリノ、パルマ、ナポリ。

どこでも絶賛の嵐。1958年にはウィーンのムジークフェラインザール（毎年ニューイヤー・コンサートを行うウィーン楽友協会大ホール）でもデビューを飾った。

この頃、アルゲリッチはまだニキタ・マガロフとマドレーヌ・リパッティのレッスンを受けていた。

「速く弾きすぎよ」とマドレーヌ・リパッティ。

「競走馬にゆっくり走れと強いることはできないさ」とニキタ・マガロフ。

火花が散るような速いパッセージに観客も大いに喜ぶ。あんなに速く弾くのに全く音がダマにならない。その実、ピアノから早く逃げたいから速く弾くなんて誰も思わない。極度のあがり症。そんな素顔はのちにアルゲリッチの娘ステファニー・アルゲリッチが撮った『アルゲリッチ　私こそ、音楽！』というドキュメンタリー映画にも描かれている。別府アルゲリッチ音楽祭の舞台袖で「ひどい気分なの。弾きたくないわ」と開演直前に駄々をこねるアルゲリッチの姿をステファニーのカメラは捉えているのだ。

スケジュールに縛られるストレス。いきおいキャンセルも多くなる。アルゲリッチは音楽家の友人たちの助けを必要とする場合——例えばそれが講習会でのピアノ伴奏だったとしても——自らの演奏会をキャンセルした。

1959年、シャルル・デュトワ（1936年、ローザンヌ生まれ）がプロとして初めて指揮台に立つ日が来た。ローザンヌ管弦楽団を振ってのラヴェル《ピアノ協奏曲》。ソリストはマルタ・アルゲリッチ。前年にアルゲリッチと友人になっていたデュトワは、ソリストとしてアルゲリッチを熱望していたのだ。

リハーサルでアルゲリッチが提示した第1楽章と第3楽章のテンポが速すぎるとオーケストラの木管楽器奏者から文句が出た。さらにアルゲリッチは第2楽章を仕上げていなかった。気まぐれな天才少女に振り回される若き指揮者。デュトワはローザンヌにほど近い両親の家に彼女を招待した。少しでもリラックスしてもらうために。

ぶっつけ本番になった翌日の演奏会で、アルゲリッチは見事にこの曲を弾ききった。のちのクラウディオ・アバド（1933年、ミラノ生まれ）&ベルリン・フィルとの名盤（1967年／DG）の印象が強いが、ラヴェル《ピアノ協奏曲》はアルゲリッチとデュトワとの代名詞になる曲である。この時はまだ、デュトワはただの友人だったとアルゲリッチは言うが……。

1960年、アルゲリッチはドイツ・グラモフォンからリリースするデビュー盤のために録音に入った。

ラヴェル《水の戯れ》、ショパンの《スケルツォ第3番》と《舟歌》、リスト《ハンガリー狂詩曲第6番》、ブラームス《2つのラプソディ》などである。

このセンセーショナルなレコードがリリースされると、程なくアルゲリッチの元に大御所から手紙が届いた。ホロヴィッツからの賞賛の手紙である。

これに舞い上がったアルゲリッチはいつかホロヴィッツに会いたい、ホロヴィッツからレッスンを受けたいという思いを抱きながら、とうとう演奏活動から逃げ出してしまう。そうはさせまいとするファニータ。このダイナミックなステージママはあらゆる手を尽くして娘をステージに戻そうと試みるが、なかなかうまくいかない。

そんな中、マルタ・アルゲリッチは新しい師の下で学ぶ決心をする。キャンセル魔として名高いアルトゥーロ・ベネデッティ・ミケランジェリである。

キャンセル魔ミケランジェリのレッスン

キャンセル魔——。

予定されていた演奏会がキャンセルされる。チケットを買って待っていた聴衆は肩透かしを食らう。次にチケットを買った聴衆はハラハラしながら演奏会の日を待つ。この繰り返しがピアニストに付加価値をつける。稀代のスターであることとキャンセル魔ということは無関係ではないのだ。

キャンセル魔と聞いて名前が浮かぶピアニストは？

アルトゥーロ・ベネデッティ・ミケランジェリ、ウラディーミル・ホロヴィッツ。そしてグレン・グールド（1932年、トロント生まれ）。

ある時、スタインウェイ社を訪れたグレン・グールドの肩をピアノ技術者のひとりが親しげに叩いて挨拶した。グールドはその行為に対して、30万ドルの損害賠償を要求した。医学的な診断を下すことのできない謎めいた肩の故障により、3ヶ月間にわたりコンサートをキャンセルしなければならなくなった、というのが主な理由である。スタインウェイ社はこの金額を支払った。

アルトゥーロ・ベネデッティ・ミケランジェリ

グールドがキャンセルした演奏会は5回に1回程度だったというが、32歳の若さで早々とコンサート・ドロップアウトを宣言してのちはテレビやら映像やらで演奏を披露していた。

そんな最中のグールドに代役をさせたピアニストこそアルトゥーロ・ベネデッティ・ミケランジェリである。1970年、グールドはカレル・アンチェル（1908年、トゥカピ生まれ）とベートーヴェン《ピアノ協奏曲第5番・皇帝》を演奏している。さらにいうと、この演奏会はコンサート・ドロップアウトを宣言した後の例外的な生演奏だったのだ。

グールドはいう。

「何と、ナンバーワンのピアニストがナンバーツーの代役とは——」

さて、どちらのピアニストがナンバーワンかは読者の皆様の判断とするが（ニューヨークきっての辛口批評家ハロルド・C・ショーンバーグはミケランジェリを「現代のピアニズムの大いなる功績」と讃えグールドは「音楽史の大いなる奇人の一人」だと称した）、グールドに負けず劣らずミケランジェリもよくキャンセルをした。ピアノを弾いた演奏会と同じくらいの演奏会をキャンセルしたのだからグールドなんぞ可愛いものだ。

ただ、ミケランジェリはグールドほど不可解ではない。ピアノのコンディションが悪い、ペダルのフィーリングが合わない、音の反響が気に入らない、といったまともな理由である。つまりは偉大なる作曲家たちの音楽の響きを再現する準備ができていないなら、演奏すべきではない、と彼は思っていたのだ。ルートヴィヒ・ヴァン・ベートーベン、あるいはクロード・ドビュッシー。そうした18世紀から19世紀に生まれた化け物のような音楽家たちが残したスコアに命を与える。そこに立ち現れる響きをミケランジェリは最も大切にしたのだ。

そんな完全主義者が息抜きとして愛したのは、飛行機、スキー、登山、カーレース。クルマはフェラーリを乗り回した。そして教育。アッピアーノ城、モンカリエリ、ルガーノといった場所でミケランジェリはしばしばマスタークラスを行った。惜しみなく後進の音楽家に助言を与えた。

例えばマスタークラスでミケランジェリにレパートリーを弾くように言われたイェルク・デムス（1928年、ザンクト・ペルテン生まれ）は、「何もかもぞんざいだ。音は小さすぎるし、まったく量感がない。君は詐欺師だ。続けなさい！」と言われ、次のクラスまでの1年を集中的にタッチの練習に費やした。

このようにミケランジェリ先生は只者ではない上に手厳しい。それでも、多くの若き音楽家がミケランジェリの門を叩いた。

彼もモンカリエリにやって来ていた。ショパン・コンクールに優勝したマウリツィオ・ポリーニである。彼は「僕を救えるのはあなたしかいない！」とミケランジェリに伝えたという。EMIに録音したショパンの《ピアノ協奏曲第1番》が気に入らなかったのか。ポリーニは自分に何が足りないと思っていたのだろう。響きの美しさ？　変幻自在なタッチ？　それともアルゲリッチのようなブラヴーラ（華麗な演奏）？

例えばポリーニはミケランジェリからトリル（隣り合う鍵盤を交互に細かく弾く技術）の指

使いを学んだという。ベートーヴェンの《ピアノ・ソナタ第21番・ワルトシュタイン》を弾く時にダブル・エスケープメント（ペダルを使って連打を可能にする技術）を使うことも。

そして、既にプロのピアニストとしてのキャリアをスタートさせていたマルタ・アルゲリッチも彼のいるモンカリエリを訪れていた。最初にアルゲリッチに会った（この時はボルツァーノだった）ミケランジェリは、今までついた先生について訊ねその名前を聞くと、「立派なコレクションだ」と皮肉を言った。

それでも、アルゲリッチはすぐにミケランジェリ先生のお気に入りになった。ミケランジェリはアルゲリッチの演奏を聴いて彼女をクラスの最後に行うコンサートに出演させることを決めたのだ。

それからがちょっと変わっている。レッスンをしてもらおうとアルゲリッチが追いかけ回し、捕まるとミケランジェリはフェラーリに乗せて猛スピードでドライブした。君はこんなに素敵な土地にいるんだ。まずは観光をしよう、と——。

結局、１年半の間に２人の間で行われたレッスンはわずか４回。

ミケランジェリがアルゲリッチに教えることはほとんどなかったのだ。

ある時、アルゲリッチの部屋からホロヴィッツのレコードが大音量で聞こえてきた。そこへミケランジェリが現れ、「ホロヴィッツがそんなに大事か！」と言った。

そして、アルゲリッチが弾くクラスの最後のトリノの演奏会にもミケランジェリは姿を見せなかった。ようやく戻ってきて労をねぎらうミケランジェリにぷりぷり怒っていたアルゲリッチは口をきかなかった。

ある日、講習生が部屋でラヴェルの《水の戯れ》を聴いていた時ミケランジェリが通りかかった。それは自分のレコードかと訊いた時、弟子たちは首を振った。

「いいえ、マルタのです――」

１９６３年に入ると、ミケランジェリとルービンシュタインに師事し、ミラノ大学で物理学と美学を学び、ピアノのレッスンに明け暮れていたマウリツィオ・ポリーニは、ようやくロンドンとミラノでデビューを果たした。

一方のアルゲリッチはというと、憧れのホロヴィッツに会いに、ニューヨークへ旅立っていた。

ホロヴィッツに会いにニューヨークへ

ウラディーミル・ホロヴィッツ。クララ・ハスキルは彼を「音楽の悪魔」と呼び、スヴャトスラフ・リヒテルは「気さくで、芸術家気質で、限界のある人物」と評した。

下卑た精神と悪魔的な音色、不快極まりない人物像と溢れる才能——。このアンビバレントな要素が共存するのがホロヴィッツなのだ。彼のショパンは眩《まばゆ》いほど豊かな音色と響きに満ちている。スカルラッティを聴くとああなんてピアノという楽器は素晴らしいんだと思う。聴く側にしてみればそれで充分だ。

昭和の時代、音大生に「ホロヴィッツとルービンシュタイン、どっちみたいに弾きたい?」と訊くと、ほとんどが「ホロヴィッツ!」と答える。

ウラディーミル・ホロヴィッツ

かぐわしき時代。

この国では皆がホロヴィッツに夢中になっていた。

アルゲリッチもそう。

生徒があちこちで演奏会を開くことを良しとしないミケランジェリについていた期間はそれを免罪符として人前で弾くことから解放されていたアルゲリッチは、ろくにピアノの練習もしないまま友人たちと戯れていた。ホロヴィッツのアパートに近いニューヨークのアッパーウエストサイドに引っ越してからも同じ。昼過ぎに起き出し、コーヒーを飲み、タバコを吸い、友人たちと飽きることもなく音楽の話をする。

ニューヨーク――。ジュリアード音楽院の学生だった中村紘子は、ホロヴィッツの復活演奏会（のちにヒストリック・リターンと呼ばれている1965年の演奏会）のチケットを取るためにマディソン・スクエア・ガーデン前に友人と徹夜で並んだ。そして、ホロヴィッツの奥方ワンダが差し入れを持ってきたというエピソードもあるが、そのワンダ夫人がアルゲリッチとホロヴィッツが会うことを望まなかったとアルゲリッチは考えている。そう、結果的にいうと、アルゲリッチはホロヴィッツとは会えなかった。

もちろん、ファニータもあらゆる手を尽くして（例えばホロヴィッツに近いナタン・ミルシテインやらルドルフ・ゼルキンやらにせっついた）ホロヴィッツと会う約束を取り付けようとしたが、うまくいかなかったのだ。ワンダ夫人――アルトゥーロ・トスカニーニの愛娘――はイタリア人特有の饒舌さと、騒がしさと、押しの強さではファニータといい勝負だった。だが、結局ワンダは首を縦に振らなかった。

アルゲリッチはニューヨークで新たな友人を見つけた。ヨーロッパでブラジル人ピアニストのネルソン・フレイレ（1944年、ボア・エスペランサ生まれ）という親友を得たように、ニューヨークでは中国人ピアニストのフー・ツォン（１９３４年、上海生まれ）と仲良くなった。練習場所とピアノを探していたフー・ツォンにレッスンする場所とピアノを提供した。例によって彼らは遅くまで音楽の話をした。彼はアルゲリッチがさらりと弾くモーツァルトやバッハに驚いた。彼女は演奏会も開かずこんなところで何をしているのだ――。フー・ツォンの友人ロバート・チェンが彼らの輪に加わった。彼は指揮者で、貧乏で、才能に溢れていて、音楽への情熱に満ちていた。アルゲリッチとチェンが恋に落ちたわけではない（アルゲリッチはいつだって目も眩《くら》むような演奏をするピアニストに恋をする）。けれども、マルタ・アルゲリッチは妊娠してしまった。

呆然とするファニータ――ここまでお読みになった中で、ステージママのファニータに少なからず反感を覚えた読者の方もいらっしゃるに違いない。うちの母親もこんな感じだったわねぇと。やれピアノをさらえ、勉強しろ、無駄遣いはするな、と。

しかし考えてみてほしい。彼女は、娘にピアノ界の人食い鬼にレッスンを受けさせ、あちこち走り回って何人ものヴィルトゥオーゾに会う機会を作り、その甲斐あって大きな２つのコンクールに優勝し、ドイツ・グラモフォンからデビュー盤を出すこともできた。なのに娘はピアノを弾かず、演奏会をしばしばキャンセルし、勝手にニューヨークに行ったかと思ったら、貧乏な中国人の子供を産むという。

ちなみにうちの愚息（高校生）も、夜中まで荒野行動をやる、朝起きられず学校を休む、Visaカードを好きなだけ使う（もちろんピアノは弾けない）。国や人種は違えども親は親で心労は多いものなのだ。

1963年9月、マルタ・アルゲリッチと若き指揮者であり作曲家のロバート・チェンはサンフランシスコで結婚した。しかし同居生活はひと月も持たなかった。些細な喧嘩のせいで。そして、アルゲリッチはお腹の子供を母親のそばで産む決心をした。ジュネーヴ行きの航空券を手に入れ、当地の病院で女の子を出産した。ピエール・フルニエ（1906年、パリ生まれ）の愛妻の名前をもらってリダ。

リダは虚弱体質で養育施設へ入院した。ファニータはマルタ・アルゲリッチに子育てではなくキャリアに復帰することを望み、エリーザベト王妃国際音楽コンクールに出場させようとした。マルタ・アルゲリッチは産んだばかりの娘の世話をファニータに任せ、ベルギーに赴いたが、気が向かないという理由でコンクール出場をキャンセルした。同じくコンクールにエントリーしていた親友ネルソン・フレイレも1次予選を通過できなかった。ただ、このコンクールで審査員をしていたステファン・アスケナーゼ（1896年、レンベルク生まれ）

はアルゲリッチの欠場をひどく残念がり、ショパン・コンクール出場を強く勧めた。そのおかげで、アルゲリッチはショパン・コンクールへの興味を膨らませていた。

翌1964年になって、アメリカにいた夫ロバート・チェンがビザを得てジュネーヴにやって来た。託児所に預けられていたリダ（生後5ヶ月）に会いに行くとファニータがその邪魔をした。チェンはマルタ・アルゲリッチとの離婚とリダの養育権を得ようとし、そのことを知ったファニータはリダを託児所から連れ去った。行き先はブリュッセル。チェンは警察に通報してリダを取り戻したが、ほどなくして再びファニータがリダを連れ去った。今度はミュンヘン。ドイツ警察によってファニータは逮捕された。

「自分の母親を刑務所に送るか、娘の親権を失うかという、辛い選択を迫られる。そして母が選んだのは後者だった」

と、のちにアルゲリッチの三女ステファニー・アルゲリッチは語っている。

ほどなくマルタ・アルゲリッチとロバート・チェンとの離婚が成立し、リダの親権はロバート・チェンの手に渡った。

ロバート・チェンはリダの親権を得たことでスイスの居住許可証を得たが、そもそもヨーロッパに仕事はない。つまりは養育権がない。その結果、リダは母親には会えず、父親の元にすら止まることができず、あちこちの家を転々としたのちサレジオ修道会の修道女たちに引き取られた。

マルタ・アルゲリッチは結婚して娘を産んだものの、この時期はほとんどリダに会っていない。

彼女はブリュッセルのステファン・アスケナーゼ宅に身を寄せ、ピアノに向かい、ミュンヘンとロンドンで演奏会を開くまでにリカバリーしていた。さぁショパン・コンクールだ。

アルゲリッチ、ショパン・コンクールを制す

1960年、マウリツィオ・ポリーニは完全なる技巧、それも類《たぐ》い稀なる完璧な演奏で優勝して見せ、ショパン・コンクールに高いハードルを掲げた。1965年は彼を超えるピアニストが現れるのか、と誰もが訝《いぶか》しがった。

1965年のショパン・コンクールにエントリーしたマルタ・アルゲリッチの楽屋にはしばしば医者が訪れた。理由は極度の緊張、不眠症、「ひどい気分なの。弾きたくないわ」という例のやつ。

しかし、連日カラスのような黒い衣装を着てステージに上がると、アルゲリッチは情熱に

満ち、かつ繊細な演奏を披露して観客を熱狂させた。当時のコンクールのライヴ録音を聴いてみると、まずそのダイナミックな楽音に驚く。まるで男性が弾いているのかと思うほどに。荒削りなところも男勝り。彼女の演奏はどこまでも情熱的でありどんどん聴くものに迫ってくる。そう思った途端、ひどく繊細で美しい音色を響かせる。天才が目の前にいる、とワルシャワの聴衆は思ったに違いない。

そしてアルゲリッチは優勝した。マズルカ賞も得た。数年前までろくにマズルカなんてさらったこともないくせに――。

「もっと上手く弾けたのに」

という名言を残して。

ほどなく、アルゲリッチはEMIのアビーロード・スタジオでショパン作品集のレコーディングに入った。暗い顔つきでスタジオに入り、ブラックコーヒーをガブガブ飲み、さらっとショパンの《英雄ポロネーズ》を弾き始めた。EMIのディレクターのスヴィ・ラジ・グラッブは椅子から転げ落ち、「ジーザス！」と叫んだ。

《ピアノ・ソナタ第3番》《3つのマズルカ》《スケルツォ第3番》《夜想曲第4番》《ポロネーズ第6番・英雄》といったショパンの小品が並ぶこの録音は、アルゲリッチとドイツ・グラモフォンとの専属契約があったため、日の目を見るのは２０００年まで待たなければいけない。そのために『幻のショパン・レコーディング１９６５』(The Legendary 1965 Recording) というタイトルになった。

２年後の１９６７年、アルゲリッチはミュンヘンのプレーナーザールでほぼ同じ曲をドイツ・グラモフォンに録音した。ま、契約があるのだから仕方がない (アルゲリッチにとっていつも契約が足かせになる)。

この２枚のアルバムを聴き比べてみると、とても興味深い。《ポロネーズ第６番・英雄》は、１９６５年盤（ＥＭＩ）が６分35秒、67年盤（ＤＧ）が６分16秒、《３つのマズルカ》は１９６５年盤（ＥＭＩ）がそれぞれ３分46秒、２分49秒、２分58秒、67年盤（ＤＧ）が３分16秒、２分15秒、２分42秒。１９６７年盤（ＤＧ）は１９６５年盤（ＥＭＩ）よりどの曲もテンポが速いのだ。

ご自身の耳で聴き比べてみるのも面白いと思う。

ショパン・コンクール優勝を受けて演奏会のオファーも増えた。この頃からアルゲリッチは、指揮者のシャルル・デュトワの愛車（ポルシェ）の助手席に乗って、演奏会のある街へ行くようになった。様々な意味でコンディションの悪い時は、その夜の演奏会をキャンセルする旨をデュトワが先方に伝えてくれた。ヨーロッパ中の街を2人はポルシェで走り回ったのだ。

1966年に入ると、アルゲリッチはニューヨークでのデビュー・リサイタルを成功させた。

そして、ロンドンでも演奏会を開いた。ロンドンには親友フー・ツォンがいた。フー・ツォンは、同世代のピアニストが多くすむメゾンに住んでいた。ネルソン・フレイレ、スティーヴン・コヴァセヴィチ（1940年、サン・ペドロ生まれ）、ジュリアス・カッチェン（1926年、ロングブランチ生まれ）、ラファエル・オロスコといった面々だ。

彼らはお互いの演奏会に行き、助け合って暮らしていた。

そんな彼らを見てアルゲリッチもロンドンに住むことにした——。

そして、アルゲリッチはベートーヴェンの《ピアノ協奏曲第4番》を弾くスティーヴン・コヴァセヴィチに恋をした。

「しかしこのような恋愛では、愛しているのは音楽なのか演奏者なのか分からずに苦しむことになる」と語るのは、この2人の娘であるステファニー・アルゲリッチ。

思えばアルゲリッチがシャルル・デュトワと恋に落ちたのも、デュトワがたまたまこれからフリードリヒ・グルダとモーツァルトの《ピアノ協奏曲第20番》を共演するというところに出くわし、そのままデュトワの愛車に乗って演奏会の会場へ行った夜のこと。

音楽の魔力の使い手は時にその魔力に翻弄されるものらしい——。

話をコヴァセヴィチに戻す。

アルゲリッチとコヴァセヴィチは多くの時間を一緒に過ごした。音楽の話、人生の話、話すことは山ほどあった。そして一緒にホロヴィッツのレコードを聴いた(コヴァセヴィチはホロヴィッツのレッスンを受けたことがあるのだ!)。

しかし、ピアニストとしてはまるで違っていた。コヴァセヴィチ(当初はフリートウッド・マックのメンバーにいそうなスティーヴン・ビショップと名乗るアメリカ人)はまるでイギリス人のように一日8時間はピアノを弾く。アルゲリッチは昼まで寝ていて夜もほとんどピアノに向かわない。こんな2人がうまく行く訳がない。昼まで寝ている人の方が魅力的なピアノを弾くとしたら、尚更だ。

第2章

恋多きピアニストとショパン練習曲集
（1968年～1983年）

ポリーニの華麗なる復活

1968年、マウリツィオ・ポリーニが表舞台に帰ってきた。まずはロンドンで復活リサイタル、ニューヨークでデビュー。そしてEMIへのレコーディング。

ポリーニといえばドイツ・グラモフォンのイメージが強いが、1968年に、EMIに『ショパン　ピアノリサイタル』というアルバムを録音している。《ポロネーズ第5番》《ポロネーズ第6番・英雄》《夜想曲第4番》《夜想曲第5番》《夜想曲第7番》《夜想曲第8番》《バラード第1番》といった作品が並ぶこのレコードは、ショパン・コンクールで見せた鉄壁のテクニックに磨きがかかっているものの、若干の雑味、曖昧《あいまい》さがある。これを若々しさと捉える愛好家もいるが、のちにドイツ・グラモフォンからリリースされる作品群に比べるとあとひとつ何かが足りない。月でいえば14番目（満月の一日前）。この違いは、EMIのスタジオや録音技術スタッフとドイツ・グラモフォンのそれとの違いだと指摘する声もある。

この年、同じピアニストのマリッサと結婚した（彼女はいつもポリーニの演奏会でそっと彼を見守っている)。

そしていよいよ、1971年にドイツ・グラモフォンと専属契約を結ぶと、ストラヴィンスキー《ペトルーシュカからの3楽章》、プロコフィエフ《ピアノ・ソナタ第7番》をリリース。現在ではこれに1967年録音のヴェーベルン《ピアノのための変奏曲》とブーレーズ《ピアノ・ソナタ第2番》を加えたCDがリリースされている。《ペトルーシュカ》は七色の音色を駆使して、オーケストラをドライブするようにピアノを弾いている。立体的に。多角的に。一点の曇りもないプロコフィエフ。そしてヴェーベルン。セリー(十二音技法)で書かれたブーレーズの響きは(意外にも)美しい。

これは、ポリーニの現代音楽の理解者であるという決意表明である。あるいは、脱ショパニストを大きく印象付ける狙いがあったのかもしれない。

私はポリーニがヴェーベルンの作品をハミングしながら弾いているのを見たことがある。それは、グールドが鼻歌を歌いながらバッハを弾いていたのとは訳が違う。かつてヴィルヘルム・フルトヴェングラー(1886年、ベルリン生まれ)が「森をさまよっているようだ」と評した無調音楽を涼しい顔で弾いてみせるポリーニの姿は、どんな野獣でも手なずけてしまう猛獣使いを思わせた。とびっきりクールで老獪《ろうかい》な。

クラウディオ・アバド

1971年、ポリーニは現代音楽を主としたプログラムを持って世界ツアーに出た。そして成功を収め、1972年にはクラウディオ・アバド&ミラノ・スカラ座管弦楽団とルイジ・ノーノの《力と光の波のように》の世界初演を行う（1973年にはアバド&バイエルン放送交響楽団とで同曲を録音）。《力と光の波のように》はチリ共産党の政治家ルシアーノ・クルツの死を悼んだ曲である。ポリーニ、アバド、ノーノの3人は共に社会主義を標榜する仲間でもあるが、そうした思想が彼らの創る音楽に色濃く反映されているのだ。ポリーニはイタリア共産党に入党した。それはソ連軍のプラハ侵攻をイタリア共産党が批判したためだという。そう社会主義。芸術はすべての人たちのためにある、と考えたポリーニは労働者や学生のためにピアノのすぐそばの席（普段は観客を入れない）を彼らに開放した。とても安いチケット代で。

ショパン・コンクールで華々しく世界に紹介されたポリーニはどこへ行ってしまうんだろ

う、と誰もが思い始めた矢先の1972年、彼はあの名盤を録音する。

ショパンの《練習曲集》――。その完璧なテクニック、輝ける美しい音色。超難曲といわれている「op.10-1」も「op.10-2」も隅々にまで光を当て、一音たりとも曖昧なパッセージは存在しない。ぴっかぴかの隈なき満月である。フレデリック・ショパンはあのヘナヘナの(当時)プレイエルでこんなにスペクタクルで繊細な曲を書いたのか、という感慨にとらわれもする。世界中のピアノ科の学生は、一生かかってもこんなエチュードは弾けないと嘆いた。アルフレート・ブレンデルはもうショパンを弾くのはやめようと思ったかもしれない。

デュトワとの結婚とアニー誕生

一方のマルタ・アルゲリッチはというと、レナード・バーンスタインとニューヨーク・フィルとのデビュー演奏会をキャンセルした。1968年のことだ。

ロンドンのピアニスト仲間たちは、契約の重要性を彼女に説いた。気まぐれなキャンセルはキャリアに傷をつけ、医者の診断書がなければ少なくない違約金を請求されるのだと。

それならばと、アルゲリッチはどんな種類の書類であれ舞台を踏むまではサインしないことにしたのだ。

1969年、マルタ・アルゲリッチは指揮者のシャルル・デュトワと結婚した。2人はブエノスアイレスで結婚しようとした。だが、アルゼンチン政府は離婚歴のある2人の結婚を認めなかった。そこでウルグアイ行きの飛行機に乗り、モンテビデオで結婚した。アルゲリッチはデュトワとの結婚でスイス国籍を得た。そして、スイスのジュタンに住み、田舎（ヴォー州）の農場を買った。そこにはアルゲリッチの友人たちが集まった。

1970年。新婚旅行は日本である。初来日を果たしリサイタル・ツアー（バッハ、ショパン、プロコフィエフなどを披露していた）で日本中を回るアルゲリッチの元へ、仕事を終えたデュトワがやって来た。福岡でアルゲリッチがベートーヴェンの《ピアノ・ソナタ第21番・ワルトシュタイン》を弾いている最中にデュトワが眠ってしまった。時差ボケのせいで。そのまま2人はアジア・ツアーに出かけ、ウズベキスタンで査証のトラブルに遭い、新婚夫婦は留置場で一晩を過ごすこととなった。

決して相性のいいとはいえない2人だったが、女の子が生まれた。次女アニーである。

今度こそ赤ん坊とゆっくり過ごそうと思っていたアルゲリッチに、デュトワは演奏会のスケジュールを盾にして彼女を追い詰めた（もちろん彼女は直前まで契約書にサインはしていない）。かつてダニエル・バレンボイムが自分の指揮する演奏会で妻となったジャクリーヌ・

デュ＝プレと共演したがったように、デュトワもソリストとしてアルゲリッチを独占的に起用しようとしたのだ。

演奏会だけでは飽き足らず、シャルル・デュトワはマルタ・アルゲリッチとチャイコフスキーの《ピアノ協奏曲第1番》を録音しようとしていた。バレンボイムがデュ＝プレとエルガーの《チェロ協奏曲》のレコードを作ったように。チャイコフスキーを弾かせるには、ホロヴィッツ以外に思いつく中で最高のソリストだ。どの指揮者でも同じことを考えるはずだ。

シャルル・デュトワ

むずかるアルゲリッチをなだめ、どうにか「イエス」と言わせようとするがアルゲリッチは頑固である。

そんな時、偶然にもデュトワが交通事故に遭った。コルセットで不自由になった姿で天才ピアニストの前に現れ、オーケストラとスタッフの待つイギリスのスタジオに彼女を連れて行った。

ロイヤル・フィルハーモニー管弦楽団と共演したチャイコフスキーの《ピアノ協奏曲第1番》のレコードはスリリングな演奏になった。アルゲリッチにチャイコフスキーを弾かせただけでも大手柄だが、演奏会で披露するにはあと2年かかる。アルゲリッチはこの曲をほとんど弾かないが、デュトワはローザンヌで彼のオーケストラをドライブしてチャイコフスキーを弾くアルゲリッチと共演した。

1974年、2人はカナダと日本へのツアーに出た。アルゲリッチはデュトワの浮気を疑った。オタワでデュトワがその事実を認め、東京で証拠を見つけた。お相手はヴァイオリニストのチョン・キョンファ（1948年、ソウル生まれ）で、証拠とは彼女からの熱烈なラブレターである。アルゲリッチはデュトワの顔に結婚指輪を投げつけ、そのままヨーロッパ行きの飛行機に乗った。日本でピアノを弾くこともなく――。

こうして5年間の結婚生活は終わった。離婚が成立した直後、裁判所の階段を歩きながらアルゲリッチはデュトワにこう言った。

「ねえ、これから映画を観に行かない⁉」

結局のところ、彼らは柵を挟んで別々のサイドに暮らしていたのだ。音楽を創ったり、一緒に映画を観たりすることはできるのだけれども……。

ポリーニ初来日とダニエレ誕生

１９７４年、ポリーニもいよいよ日本にやって来た。プログラムは、シューベルト《ピアノ・ソナタ第14番》《さすらい人幻想曲》、ショパン《24の前奏曲》、ベートーヴェンの《ピアノ・ソナタ第17番・テンペスト》《ピアノ・ソナタ第21番・ワルトシュタイン》、もちろんシェーンベルクやヴェーベルンなど現代音楽のレパートリーも披露した。

こうしたリサイタルを東京、大阪、福岡で行い、NHKホールでN響とのプロコフィエフ《ピアノ協奏曲第3番》をマキシム・ショスタコーヴィチ（父親はドミトリー・ショスタコーヴィチ）の指揮で演奏した。

シェーンベルク生誕１００年だったこの年、ポリーニはヨーロッパ各地でシェーンベルクのピアノ曲を全曲演奏してみせた（そうしたシェーンベルクの作品群を録音し、翌１９７５年にリリースした）。

秋にはザルツブルク音楽祭でヘルベルト・フォン・カラヤン&ウィーン・フィルと共演を果たす。プログラムはシューマンの《ピアノ協奏曲》。ザルツブルクにふさわしい曲である。

１９７６年にはミラノ・スカラ座で指揮者としてデビュー。１９７８年のブレーシア音楽祭、ベルガモ音楽祭でも指揮台に立ち、１９８１年にはイギリス室内管弦楽団や名門ウィーン・フィルを、１９８３年にはペーザロのロッシーニ・フェスティバルで指揮するなど、指揮者としてのキャリアも少しずつ充実してきた。

一方、ポリーニは70年代後半のこの時期、アバド&シカゴ交響楽団とバルトーク《ピアノ協奏曲》、イタリア四重奏団とのブラームス《ピアノ五重奏曲》、ベートーヴェン、シューベルトの作品群などピアニストとしてのカタログ（レコード）も充実させている。

興味深いのは、アルゲリッチは１９７５年、ポリーニは１９７４年に録音しているショパンの《前奏曲集》である。レーベルはともにドイツ・グラモフォン。１曲だけ取り上げてみると、ポリーニが１分４秒で弾く超難曲《第16番》をアルゲリッチはわずか59秒で駆け抜けている。速く弾きゃいいってもんでもないでしょ、というポリーニの呟《つぶや》きが聞こえてきそうだが、完成度はポリーニ盤の方が高い。アルゲリッチ盤の方がスリリングだけど。

１９７８年、ポリーニの長男ダニエレが誕生した。輝かしき芸術家一族のＤＮＡを受け継ぐ、ぴかぴかの王子様の登場だ。

ステファニー誕生とコンセルトヘボウ・ライヴ

ダニエレが生まれる3年前の1975年、アルゲリッチは三女ステファニーを産んでいる。父親はご存知スティーヴン・コヴァセヴィチ。

日本でデュトワとの離婚騒動の最中、アルゲリッチはコヴァセヴィチに電話で相談を持ちかけていたのだ。帰国後、2人はロンドンで同棲生活に入る。4歳になったアニー・デュトワも一緒だ。

スティーヴンの生活はイギリス人のように規則正しい。アルゲリッチは相変わらずだ。沢山の友人が彼女の元へ訪れた。ダニエル・バレンボイム、ジャクリーヌ・デュ＝プレ（彼女はコヴァセヴィチの友人だった）、フー・ツォン、ジェイムズ・ゴールウェイといったお馴染みのメンバーだ。

そして、アルゲリッチはステファニーをベルンで産んだ。コヴァセヴィチとは結婚していないので、彼女の名前はステファニー・アルゲリッチ。

コヴァセヴィチとの関係は続いていたが、アルゲリッチはじっくりとスイスで子育てをしようと決心していたのだ。この時期に録音したのがラヴェルの《夜のガスパール》《ソナチネ》《高雅で感傷的なワルツ》、ジェイムズ・ゴールウェイと共演したフランク《フルート・ソナタ集》、ショパンの《前奏曲集》。

特にラヴェルの録音はアルゲリッチの代名詞となった。アルゲリッチがリサイタルを開くと聞くと、聴衆はガスパールが聴けるかもしれないという期待を抱くほどの。

1977年、コヴァセヴィチとのデュオ・アルバム、バルトーク《2台のピアノと打楽器のためのソナタほか》をフィリップスに録音した。ジャケットは仲良さげに1台のピアノの前に並んで座って微笑む2人（表記はスティーヴン・ビショップ・コヴァセヴィチだ）。

こんなに幸せそうな2人だが、ほどなく2度目の別れが訪れた。

2人の娘を前に泣いて暮らすマルタ・アルゲリッチ——。

ちょうどこの時期にアムステルダムで行った演奏会の模様が、EMIからレコードになっている。《コンセルトヘボウ・ライヴ1978&1979》である。この録音がとにかく凄まじい。

バッハの《パルティータ第2番》は神の存在を信じない人のバッハ。追いかけっこ（カノン）が男女の噛み合わない会話のようで切ない。ショパン《夜想曲第13番》はどこまでも物悲しく、美しく響く弱音が胸をつく。ショパンの《スケルツォ第3番》は一転して聴いたこともない激しいショパン。溢れ出す感情のマグマ。プロコフィエフの《戦争ソナタ》は底意地悪く、慈悲深い。ポリーニには決して弾くことのできない生々しいプロコフィエフだ。

自由奔放な演奏スタイルからアルゲリッチはよく「じゃじゃ馬のような」と表現されていたが、むしろ彼女は「じゃじゃ馬慣らし」の側である。荒れ狂う嵐の海に船を出すのはアルゲリッチの方だ。しっかりと手綱を手放さず、裡《うち》なる暴れ馬（あるいは嵐）を天から降ってくるインスピレーションとあの太い腕でコントロールする。崩壊（あるいは落馬）寸前のところを走り抜ける。しかも自らの美質（響きの美しさ、リズムの切れ、知性）を失うことなく。

同じ頃、ドイツ・グラモフォンからバッハ《ピアノ作品集》をリリースしたが、この録音は情熱と静謐《せいひつ》のバランスが絶妙である。自棄《やけ》にならず、自己憐憫《れんびん》もなく、きちんとスコアに寄り添っている。それでいて、言いたいことはきちんと言う。アルゲリッチというピアニストが「唯一無二」といわれる所以《ゆえん》だ。

ポリーニはというと、この頃、カール・ベーム（1894年、グラーツ生まれ）＆ウィーン・フィルとのベートーヴェンの《ピアノ協奏曲》の録音をスタートさせている。ベームにとってポリーニは実によくできた自慢の息子であり、buddy（相棒）だった。このコンビは、ブラームス《ピアノ協奏曲第1番》も録音しているが、ベームの体調不良により《第1番》

《第2番》をオイゲン・ヨッフム（1902年、バーベンハウゼン生まれ）に任せ、ベートーヴェンの《ピアノ協奏曲全集》が完成した。ブラームスの《第2番》はアバドが振った。

アルゲリッチがベームとベートーヴェンのコンチェルトを録音していたらどうなるだろう。話を聞いただけで彼女は笑い出すに違いない。あるいは怒り出すかもしれない。ただ、クラウディオ・アバドとはベートーヴェンを録音している。音楽家の相性は恋愛と同じく難しい。そしてとても不可解だ。

ワルシャワのポゴレリチ事件

1980年、ショパン・コンクールにアルゲリッチが帰ってきた。今度は審査員として。アルゲリッチはオープニングの演奏会でチャイコフスキーの《ピアノ協奏曲第1番》を披露し、自身の演奏会の予定があるため1次審査は休んで、2次審査からの参加となった。

アルゲリッチの耳にも1次審査でロックスターのようなファッションでユニークなショパンを弾く若者がいるという噂は届いていた。イーヴォ・ポゴレリチ（1958年、ベオグラード生まれ）というモスクワ音楽院で学んだ若者だ。ポゴレリチは2次審査をギリギリで通過した。まずは、この結果に憤慨したイギリス人審査員のルイス・ケントナーが席を立った。

続く3次審査でポゴレリチは落とされてしまい、この審査結果に不満だったアルゲリッチは3次審査で審査員を降りてしまったのだ。まるで1955年のショパン・コンクールでウラディーミル・アシュケナージが2位に甘んじたことを不満に思ったアルトゥーロ・ベネデッティ・ミケランジェリが議事録へのサインを拒んだように――。

3次審査の後アルゲリッチは、

「このコンクールに招かれたことを光栄に思う。審査員各位に敬意を抱いている」

と表明した上で、こう言い放った。

「この審査員席にいたことを恥じています」

アルゲリッチはポゴレリチを「天才よ」と褒めた。

「ホロヴィッツを思い起こさせる」と。

そして、「ごく少数の審査員による不正があった」とのちに語った。

反対派審査員の主張には、

「これではディスコだ！」

イーヴォ・ポゴレリチ

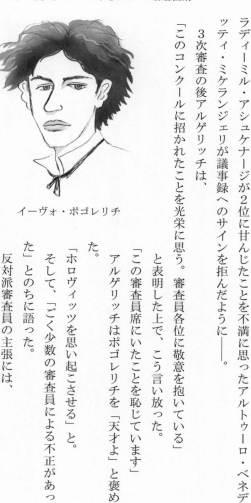

「吐き気がする！」

「ソナタを冒涜《ぼうとく》した」

といったエキセントリックなセリフが並ぶが、要約すると「ショパン・コンクールにはふさわしくない」ということである。

このポゴレリチ事件は長い間、ポゴレリチが「スコアの指示に背いて過度にロマンティックな演奏をした」からファイナルに進めなかったのだというふうに語られていた。すなわち、ショパン・コンクールでは楽譜に忠実な「スコア原理主義」とショパンの精神はロマンティックな演奏にあるとする「ヴィルトゥオーゾ派」の二項対立があり、ポゴレリチは「スコア原理主義」の審査員の逆鱗に触れたのだ、と。

思い返せば、1960年のポリーニは「スコア原理主義」に対して文句のつけようもない演奏を披露して1位に輝いた。1965年のアルゲリッチはその逆で、ショパンはこんなに匂い立つようなロマンティックな作曲家なのよ、と世界中に示してみせた。いわば「ヴィルトゥオーゾ派」である。ホロヴィッツがいつスコアに忠実に演奏しましたか、と。

どうもそうではないらしい。

ここで、『ピアニストが語る！』（焦元溥、森岡葉訳、アルファベータブックス）に収録された、2016年のポゴレリチ自身の言葉を紹介する。

「ショパンの解釈でもっとも危険なことは、『ロマンティック』な方法で表現することです――ショパンはロマン派の時代に身を置いていましたが、彼の本質は革命家で、きわめて大胆で前衛的でした」

と語っている。スコアに忠実か、過度にロマンティックか、というそんな単純なものじゃないんだと。

そして、こんな驚くべき告白もしている。

「あのときのコンクールの第一位は、実際はあの年の四月にソ連によって『決定』されていました。あのころソ連の文化部の下部に国際コンクールに対応するための組織があり、専門にソ連の参加者すべての『面倒をみて』いました。

私はショパン国際ピアノ・コンクールに参加する前に一九七八年にイタリアのカサグランデ国際コンクールで第一位となり、一九八〇年にカナダのモントリオール国際コンクールで第一位となっていました。モントリオール国際コンクールの後モスクワに戻りましたが、モスクワ音楽院のピアノ科主任のドレンスキーが私に会いに来て、私にショパン国際ピアノ・コンクールを捨てるよう『提案』しました。彼は私が彼らを妨害さえしなければよく、まだ誰を推すか人選していないので一九八二年のチャイコフスキー国際コンクール第一位と交換できると言いました。私は『ありがとう』と言って別れました」

そして、3次審査でドレンスキー審査員は彼の演奏に対し25点満点で0点、その他の東側の審査員たちも0点か1点をつけ、西側の審査員は24点など概《おおむ》ね高得点をつけたという。

アルゲリッチが「ごく少数の審査員による不正があった」とするのは彼らのことのようだ。

例えば、チャイコフスキー・コンクールはソ連の国威発揚のためにスタートした。わが国はこんなに優秀な芸術家を輩出せしむる、と(第1回目の優勝をアメリカ人ピアニストに攫《さら》われたりしたが……)。同様に、ある時期のショパン・コンクールも政治的な影響がまったくなかったとは言い切れない。

結局、1980年のショパン・コンクールはダン・タイ・ソン(1958年、ハノイ生まれ)というベトナム人の青年が優勝を飾った。だが、コンクール後に取材やら演奏会の依頼が殺到したのは彼ではなく、ポゴレリチだったことは想像に難しくないだろう。ポゴレリチは直後に名門ドイツ・グラモフォンと契約して多くのレコードを残している。もちろん、3次審査までのポゴレリチの演奏はことごとくレコードになったので、今でもその一部がCDで聴けるし、YouTubeでも視聴できる。

続く1985年のショパン・コンクール優勝者がソ連の名ピアニスト、ゲンリヒ・ネイガウス（1888年、エリザヴェートグラード生まれ）の孫スタニスラフ・ブーニン（1966年、モスクワ生まれ）で、ブーニンが日本以外のエリアでほとんど活躍していないことを考えると、やはりコンクールの政治利用はあったのかもしれない。しかし、そこから先はピアニスト本人の実力で国家がコントロールできるものではない。

イーヴォ・ポゴレリチは現在でも日本によく来る。そして、とびっきり遅いテンポでショパンやらモーツァルトやらを弾いているが、日本の聴衆も足繁く彼の演奏会に通う。2019年夏には実に21年ぶりの新譜（ネット配信のみのタイトルは除く）をソニー・クラシカルからリリースした。ベートーヴェンとラフマニノフのピアノ・ソナタ。ソニー・クラシカルとは長期専属契約を結んだという。

そして、アルゲリッチがショパン・コンクールに戻ってくるのは、20年後、2000年になるまで待たなければいけない。

第3章

アルゲリッチ音楽祭とポリーニ・プロジェクト（1984年〜2000年）

ベロフと左手のためのピアノ協奏曲

80年代に入るとアルゲリッチはジュネーヴの古い孤児院跡の住居を借りて、２人の娘――アニー・デュトワとステファニー・アルゲリッチ――と暮らしていた。家には４台のグランド・ピアノ。家には鍵がかけられておらず、多くの人間が出入りしていた。友人の誰かが家事をし、娘を学校へ迎えに行き、コーヒーのフィルターを取り替え、10匹以上いる猫に餌を与えた。

ミッシャ・マイスキー（１９４８年、リガ生まれ）が来てアルゲリッチとチェロ・ソナタの練習をしていたりする最中に、アニーがピアノの下に潜って眠ってしまうというような日常だ。

ある時、19歳になった長女リダ・チェンがやって来た。生まれたばかりの頃、実の祖母（ファニータ）の分別のない行動によって母親と引き離されてしまったあの不幸な娘だ。彼女はヴィオラを弾いていた。本当はピアノを弾きたかったのだけれど、父親にこう言って反対されたのだ。

やめた方がいい。母親には勝てない――。

リダはその後、母親とデュオを組んで演奏活動をするようになる（彼女は彼女のやり方で理不尽な世界と和解してみせたのだ）。三女ステファニーはそのエキゾチックな美しさに魅了されたという。それから母娘4人のヨーロッパでの暮らしは始まった。

ちょうどその頃、マルタ・アルゲリッチのソロピアニストとしての活動に変化が表れていた。

1981年にカーネギー・ホールでソロ・リサイタルを成功させた後、1982年にはスイスとイタリアで最後のソロ・リサイタル、1983年にはシューマン《クライスレリアーナ》と《子供の情景》を収録した最後のソロ・アルバムを録音した。アルゲリッチは、ひとりで舞台に上がるのを嫌がった。ひとりでどこにも行きたくなかったのだ——。演奏旅行には三女ステファニーを連れて行くことが多くなった。

そんな時、ジュネーヴでショパン《ピアノ協奏曲第1番》を演奏したアルゲリッチの楽屋に、ミシェル・ベロフ（1950年、エピナル生まれ）が訪れた。「素晴らしい演奏だった」と言うために。1983年のことだ。

その夜以来、ミシェル・ベロフからよく電話がかかってくる。彼は32歳の才気あふれるピアニストで、アルゲリッチは40歳を少し超えたところだ。しかも、離婚歴が2回あり、子供も3人いた。そして、自分は恋愛には向いていないなと思っていた。

ミシェル・ベロフはアルゲリッチの家に通ううち子供たちと仲良しになった。なかなかいい作戦だ。そして、彼も古い孤児院に暮らし始めた。

ベロフは10歳のときオリヴィエ・メシアンの曲を弾きこなし、彼の前でその作品を演奏するほどの天才少年だった。その天才ゆえの無邪気さからか、目の前にいる女性がとんでもないピアニストだとよくわかっていなかったのだ。

ベロフはジュネーヴのアルゲリッチの家でピアノの練習に励んだ。自分の演奏会が終わるとジュネーヴの家に帰った。2人で連弾の演奏会をすることもあった。アルゲリッチのピアノは素晴らしかった。見ればアルゲリッチはろくにピアノをさらわない。なのに難曲をサラサラ弾いてしまう。どうゆうことだ——。

そうこうするうちにベロフは右手に違和感を覚えた。痛みを覚え、うまく動いてくれない。思い通りのパッセージが弾けなくなった。医者は過労だという。2人は彼の健康に留意し、アルゲリッチはあちこち走り回っていい医者を探した。けれどベロフの右手は回復に向かわない。

医者は（今度は）神経性の難病だという。ベロフは絶望した。マルタ・アルゲリッチのせいにした。アルゲリッチの元を離れパリに帰った。彼らが一緒にいたのは4年間。愛する者が去ったあと、彼女はベッドの上で泣いて過ごした。

アルゲリッチのかつての恋人スティーヴン・コヴァセヴィチはアルゲリッチに2つのピアノ・コンチェルトを勧めた。僕が神だったらこの2曲を君に弾かせると。それは、ベートーヴェンの《ピアノ協奏曲第4番》とラヴェルの《左手のためのピアノ協奏曲》だ。そのうちの1曲、ラヴェル《左手のためのピアノ協奏曲》をアルゲリッチはベロフに勧めた。私はト長調の方より好きなの、と――。

1987年、ベロフはこの曲をアバド&ロンドン交響楽団と録音している。ドイツ・グラモフォンからリリースされたレコードには、アルゲリッチのラヴェル《ピアノ協奏曲》（ト長調の方）と組曲《クープランの墓》やバレエ音楽《ジャンヌの扇》や《古風なメヌエット》と一緒にこの曲が収録されている。

ミシェル・ベロフ

ベロフは左手で弾ける曲をチョイスしながらリハビリに励んだ。そして、数年後2人が日本で再会する頃には両手で演奏できるようになっていた（それにしても、また日本だ）。

クライバーとポリーニ

ラヴェルのト長調の《ピアノ協奏曲》をはじめ多くのレコードで名演奏を聴かせてくれたアルゲリッチとアバドは、グルダのレッスン（ザルツブルグでの夏期講習）で意気投合して以来の仲である。彼らを結びつけたのはドビュッシーへの畏敬の念。夏期講習ではピアノを弾いていたアバドもドビュッシーの《夜想曲》を聴いて指揮者になろうと思っていた。

アバドはポリーニとも仲がよく、アバドを通じてポリーニは伝説の指揮者カルロス・クライバー（1930年、ベルリン生まれ）とも懇意になっていた。彼らを結びつけているのはもちろん、音楽。そして左翼思想。

やつは大型冷蔵庫が空にならないと出てこない——。

これはカラヤンのクライバー評である。カラヤンはクライバーに目をかけ、自らの後継者

カルロス・クライバー

に目論んでいた。カラヤンのリハーサルにクライバーはフリーパスで出入りしてたほどだ。

しかしクライバーはなかなか指揮台に上がろうとしない。仕事を引き受けたとしても膨大な練習時間とプローベ（Generalprobe＝通し稽古、ゲネプロともいう）を要求するわ、演奏者と揉めるわでキャンセルになることも多かった。

けれど、日の目を見た演奏会やレコードはとびきり素晴らしいものが多い。それがカルロス・クライバーのカリスマ性を高めてゆく。いわく、やっぱ天才は違うね！と。思えば、これって本書に登場したキャンセル魔たち――ミケランジェリ、グールド、アルゲリッチ（!?）――の得意技、常套手段ではないか。

さて、クライバーが若い頃（1975年）、ミケランジェリとベートーヴェンの《ピアノ協奏曲第5番・皇帝》

を録音するプロジェクトがあった。これは見ものでしょ。ただ、ミケランジェリは若きクライバーのいうことを鼻で笑い、古株のオーケストラ奏者と個別にコミュニケーションを取り、リハーサル中にはそんなベテラン奏者とアイコンタクトを取って自分の解釈を伝えた（ここはあまり弾きすぎないでね、など）。そう、ミケランジェリ本人がオーケストラをコントロールしようとしたのだ。これにむくれたクライバーが翌日姿を見せず、プロジェクトそのものが流れてしまった。結局、このプロジェクトはカルロ・マリア・ジュリーニ（1914年、バルレッタ生まれ）&ウィーン交響楽団との録音に変わった。

クライバーに限らず、指揮者とはそういう局面がついて回る職種である。

私の知り合いの指揮者の話を少しだけ。彼は若い頃（ヨーロッパで修業時代）とあるオーケストラに呼ばれた。張り切ってリハーサルをしている最中、古参のオーケストラ奏者に、

「カラヤンが来た時は、そこはこうしろと言われたよ」

彼はビビって、じゃあそうしましょうと折れた形になった。休憩に入ると別のベテラン奏者がやってきて、

「お前はカラヤンじゃないだろ。自分の考えを曲げるな」

と彼をたしなめた。

普通ならそのままシレーッと演奏会をこなし、二度とこの若き指揮者が呼ばれることはない。しかし、彼には味方になってくれるベテラン奏者もいたおかげで、彼は再開したリハーサルで自分の意見を通した。今でも時々、そのオケを振ることがある。

さて、クライバーだ。クライバーにも言ってはいけないセリフがあった。

「お父様の時はまったく違うやり方をしたよ」

お父様とは言わずと知れた名指揮者エーリヒ・クライバー（1890年、ウィーン生まれ）である。オーケストラ奏者はあらかじめ、父親の話はするなと口止めをされていた。しかし、ワーグナー《トリスタンとイゾルデ》のレコーディングに向けてのリハーサルでこれを言ってしまった奏者がいた。オーケストラはドレスデン・シュターツカペレだ。

そもそも、ドイツ・グラモフォンが仕かけたこのプロジェクト、歌手のキャスティングからして揉めた。当初予定していたタイトル・ロールは2人とも同時期にミュンヘンで行われる予定のバーンスタインのレコーディング（曲目も同じ）に取られた。クライバーが望まないディートリヒ・フィッシャー＝ディースカウ（1925年、ベルリン生まれ）の配役も決まった。彼は合計30回のオーケストラ・セッション（しかもすべて同じ奏者で）を求めたが、ドレスデン側に難色を示された。それでも細かい指示を出し、何度もダメ出しをし、前奏曲の録音を終えたところで「この録音から降りたい」と言って楽屋に閉じこもった。

なんとかなだめすかし終盤まで録音を進めるうちに、声が出なくなった歌手がいた。通常、こういった場合はオケ部分を録っておいて歌手のパートを新たにレコーディングするやり方が一般的だ。けれどクライバーはこのやり方を嫌って歌手のコンディションが回復するのを待った。翌日、録音が再開された。その最中、2人は激しくやり合い、決裂した。2人とも楽屋に帰り、クライバーはその場を去って二度と戻らなかった。

ドイツ・グラモフォンは別の日にこの歌手のパートを録音し、オーケストラ部分に重ねた。そしてレコードとして発売しようとした。クライバーは発売延期を望んだ。クライバーは友人のマウリツィオ・ポリーニにこのプロジェクトについてどう思うか質問した。

「この録音は素晴らしいと思う」

と答えたポリーニに、クライバーはこう言った。

「君まで僕を裏切るっていうのか」

結局、クライバーはこの録音の発売を許諾した。

評判は上々。クライバーとドレスデン・シュターツカペレは1982年のハンブルク・ドイツ・レコードアカデミーの最優秀音楽家賞を、翌年のヴィースバーデンの音楽祭のレコード・アカデミーではドイツ・レコード賞をそれぞれ受賞した。ただ、この一件でドイツ・グラモフォンはクライバーとの仕事を二度とすることがなかった。DGはクライバーというキラー・コンテンツを永遠に失ってしまったのだ（ポリーニは友情よりもDGとの関係を選択してくれたが……）。

クライバーはよくポリーニの演奏会に顔を出していた。カラヤンやアバドやリッカルド・ムーティ（1941年、ナポリ生まれ）のプローベに顔を出していたように。

ポリーニは友人であり、よく癇癪を起こすカリスマ指揮者クライバーとの共演を熱望していた。実際、彼らがベートーヴェンの《ピアノ協奏曲》を録音する準備に入った、という噂が流れたことがあった。クライバーはポリーニとコンチェルトをやるならベルリン・フィルだと考えていた。だが、クライバーとベルリン・フィルとの間にはいくつかのトラブル（あるいはトラブルの元）があったせいで実現しなかった。

結果的にポリーニとクライバーの共演はない。

ポリーニが特集されている『音楽の友』（2010年12月号）に木之下晃氏撮影によるポリーニとクライバーの2ショット写真が掲載されていて、

「2人は家族ぐるみで、プライヴェートに親しく交遊していたが、あまりにも仲がいいため音楽で衝突することを避けたいと、ついに協演しなかったことは有名である」とキャプションにある。

あまりにも仲がいいためにポリーニとクライバーは共演しなかったという「美しい友情物語」に収まってはいるが、膨大なリハーサルの時間を要求するクライバーとあまりリハーサルを好まないスタイルのポリーニではそもそも共演は難しい。

なんせポリーニは、ブーレーズとバルトークの《ピアノ協奏曲》を共演した時、リハーサルなしであの難しい曲に臨んだのだ。「カラヤンと共演した時もリハーサルはしなかったよ」とポリーニは涼しい顔で言うくらいだから。

ちなみにクライバーはスヴァトスラフ・リヒテルとはドヴォルザーク《ピアノ協奏曲》というユニークな選曲のレコードをＥＭＩに録音している——。

そうそう、このドヴォルザークの録音に関しても一悶着あった。オケはバイエルン国立歌劇場管弦楽団。クライバーは第２楽章冒頭のホルンのソロが気に入らず、何回もダメ出しをした。よく決裂しなかったものだ。ただ、レコードのピアノの音は思いのほか美しい。

リヒテルは今度はチャイコフスキーの《ピアノ協奏曲第１番》での共演を熱望したが、クライバーがうんとは言わなかった。どちらにしても気難しい男だ。

ラビノヴィチとのロシアの旅

ミシェル・ベロフが彼女の人生から去って行ってから数年後、マルタ・アルゲリッチはアレクサンドル・ラビノヴィチ（１９４５年、バクー生まれ）と出会ってしまった。

アルゲリッチは18歳のとき――１９５９年、デュトワと最初にラヴェルの《ピアノ協奏曲》を演奏した頃だ――ヴァイオリニストのルッジェーロ・リッチに誘われて彼のロシア・ツアーに伴奏者として同行したことがあった。この時、チェリストのムスティスラフ・ロストロポーヴィチ（１９２７年、バクー生まれ）の知己を得た。そして、ヴァイオリニストのイヴリー・ギトリス（１９２２年、ハイファ生まれ）、チェリストのミッシャ・マイスキー、ヴァイオリニストのギドン・クレーメル（１９４７年、リガ生まれ）と事あるごとに「鉄のカーテン」の向こう側（旧ソ連を当時はそう呼んだ）の演奏家たちと知り合いになった。

アレクサンドル・ラビノヴィチ

プロコフィエフ、ショスタコーヴィチを生んだ国。母親ファニータの祖国（厳密にはベラルーシ）。そこで出会った優れた演奏家たちは、ファニータと同じ出自を持つ者が多かった。ユダヤ人。ユダヤ系ロシア人。少し怒りっぽく、才能と愛情に溢れ、常に「過剰」を持ち続ける人たち。垣根のこちら側の人たち――。

旧ソ連から亡命しヨーロッパに住んでいたアレクサンドル・ラビノヴィチと知り合ったのは、1987年、ギトリスが主催するヴァンス音楽祭（フランス）でのことだ。才気溢れるピアニスト、指揮者、作曲家（彼とウマが合わなかったファニータは彼のことを「あの作曲家」と呼んでいた）である。

アルゲリッチはラビノヴィチの才能を愛した。いつものようにその人を愛しているのか、才能を愛しているのかわからなくなってしまう例のやつかもしれない。

ラビノヴィチは音楽的才能に溢れていたが、なんせ風変わりな人物だった。真夏の猛暑の最中でもスカーフとコートを離さなかった（モグラのようにピアノを弾くカナダのあのピアニストのようだ）。演奏会に自前の暖房機を持ち歩いた。ひどく傷つきやすく、そして癇癪持ち。困惑する周囲の人々。アルゲリッチ自身も彼の行動に振り回されるという厄介な状況を抱え込んでしまった。それでも、そんな彼をアルゲリッチは演奏会の主催者に売り込んだ（困った人を見たらほうっておけない、というアルゲリッチの悲しくも美しい性格よ！）。

今度もアルゲリッチは「連弾」というスタイルでラビノヴィチをメイン・ストリームに導いた。テルデックが彼らの演奏をレコードにした。1991年から1995年にかけての録音である。

ラフマニノフ《2台のピアノのための組曲第1番、第2番》、モーツァルト《2台と四手のためのピアノ作品集》、ブラームス《2台のピアノのための作品集》、中でもデュカスの《魔法使いの弟子》やラヴェルの《ラ・ヴァルス》を収録した『魔法使いの弟子～スーパー・ピアノ・デュオ』はピアノ2台でここまで面白いことができるんだよ、という出色の一枚だ。

彼らはこうした連弾のプログラムを携えてあちこちを演奏して回った。1993年には2人で来日公演も行っている。

アルゲリッチはラビノヴィチの作品も演奏した。2000年にはラビノヴィチ作曲の《時間》のチェレスタのパートを弾いている。この2人が音楽的に結びついているのは確かだった。けれど、彼の癇癪がいつ爆発するかわからなかった。楽屋での言い争いが会場に漏れ、鬼のような形相をしたままの2人がピアノに向かったこともあった。

芸術家にはアルゲリッチのように共感性の高い人が多い。クラシックの演奏家に特に多い。スコアを読み込み、その曲を演奏しているうちに、作曲家の心の裡に忍び込むのだ。ショパンの哀しみに寄り添うということ。

一方、共感性の低い芸術家もいる。クラシックでも作曲家に散見される。それからスター指揮者。スター演奏家にも少しいる。人の気持ちが分からないのだ。そういう人はすぐスコアを持ち出す。作曲家の指示はそうじゃない。君は分かってない――。

10年ほど付き合いは続き、2人に別れがやってきた。それでもアルゲリッチは自分の演奏会の指揮者にラビノヴィチを推薦した。演奏会にも一緒に出かけた。

1989年、2人はロシアを旅していた。ギドン・クレーメルも一緒だ。レニングラード。2人はメシアンの《アーメンの幻影》を弾いて観客の反応が気に入らなかったラビノヴィチが怒り心頭で楽屋に去った夜、ファニータが息を引き取った。帰途の飛行機がパリに着く直前、ファニータの死がマルタ・アルゲリッチに告げられた。

ファニータの死 ―― ガン発覚

脳腫瘍が他所《よそ》に転移してファニータは逝ってしまった。マルタ・アルゲリッチは母親を看取ることができなかった。数年先までスケジュールが決まっているクラシックの演奏家が親の死に立ち会えないのは仕方がない。彼女は飛行機の中で泣き崩れた。

これでステージママの過干渉や言い争いからマルタ・アルゲリッチは解放された。

ともかく過剰を抱える母親だった。ファニータはあらゆるものを全力で掴みに行った。娘にピアニストへの道を指し示すためなら何でもした。あらゆる人物と会う機会を作り、運さえ引き寄せようとした。ラビノヴィチのように溢れる才能があっても然るべきアプローチをしなければ世界的なスターにはなれないのだ。そのアプローチを一手に引き受けてくれたのがファニータだった。

それは同時に、母親に生殺与奪権を握られていたということだ。幼児の頃ならともかく、成人してから後も、母親の影に脅かされ続けたのだ。ギドン・クレーメルは、母親の死によってアルゲリッチの性格が穏やかになるだろうと思ったほどだ（そうでもなかったようだが……）。

それはそれこれはこれ。アルゲリッチは長い間、悲しみから立ち直れないでいた。アルゲリッチとラビノヴィチと娘のステファニー（この愛らしい三女はマルタ・アルゲリッチと一緒にどこへでも付いて行った）は、ブリュッセルのティエンポ家に身を寄せた。マルティン・テイエンポはアルゼンチン出身の外交官である。そこここにピアノが置いてあり、笑いが絶えなかった。その理想的な家族に救われたアルゲリッチは、マルティンの妻リルの勧めもあって彼らの隣の家を買うことにした。

三女ステファニーは転校の手続きをし、次女アニーはしばらくしてアメリカの大学へ旅立った。

ブリュッセルの家にもジュネーヴの家のように沢山の友人・知人が訪ねてきたが、彼女の周りで若手音楽家のグループができつつあった（こうした人脈はのちのルガーノ音楽祭や別府アルゲリッチ音楽祭へと繋がっていく）。

アルゲリッチはブリュッセルの家から相変わらず世界中を飛び回った。

1992年のこと。ある日、ティエンポ家でリルにお尻の左側が痛むことを告げると、病院に行くことを強く勧められた。病院に行き、2週間後に結果が出た。緊急を要する病気、悪性黒色腫（メラノーマ）だった。母親ファニータを襲った癌という病がほんの数年後、娘のマルタ・アルゲリッチにも現れたのだ。

専門医の診察を受けるためにチューリッヒに行くことになったが、ラビノヴィチと口論をしていたせいで、予約に間に合わなかった。なんて事だ。翌日、友人に連れられ病院に行くと、すぐに切除手術が施された。それほど緊急性があったのだ。なんて事だ。この数年、ファニータ以外にも近しい友人を失っていた。死の影は彼女の人生にひたひたと忍び寄っていた。

3年後の1995年、悪性黒色腫が再発した。すべての仕事をキャンセルし、パリに移住していたティエンポ家のすぐ近くのアパート（かつてはファニータのものだった）で暮らし始めた。ティエンポの妻リルが付き添い、パリの病院で手術が施された。

さらに1年後の1996年、日本への演奏旅行から帰ってきたアルゲリッチの肺に問題があることが分かった。例の悪性黒色腫が肺に転移したのだ。

マルタ・アルゲリッチはアメリカ・サンタモニカにいるドナルド・モートンという専門医と電話で話し、彼に執刀してもらう決心をした。ヨーロッパではワクチンの承認が遅れていたのだ。

1997年のこのアメリカへの旅に付き添ったのが海老彰子（1953年、大阪生まれ）である。海老はファニータにその才能を気に入られていた日本人ピアニストだ。

2人はシェラトンに宿泊し、クレジットカード等のトラブルで必要な費用は海老が支払った。スティーヴン・コヴァセヴィチがオーストラリア・ツアーをキャンセルしてホテルに駆けつけた。

それから、ニューヨークで暮らしていた2人の娘（アニーとステファニー）やピアニスト仲間や友人が大勢やって来た。

3時間半の大手術を終えたマルタ・アルゲリッチは生気を取り戻していた。ステファニーは母親の目に溢れる光を見て、ああ治ったなと思った。

手術後、3日間入院した。ダニエル・バレンボイムとズビン・メータが薔薇の花束を抱えてやって来た。アリシア・デ・ラローチャ（1923年、バルセロナ生まれ）も来た。そして、やっとアレクサンドル・ラビノヴィチもやって来た。おせーよラビノヴィチ。だが彼はバツが悪そうにすぐに帰った。彼らが別れる時期も近付いていた――。

ミケランジェリに捧げるコンサート

話は少し戻る。

1989年、ベルリンの壁が崩壊した。この年、ヘルベルト・フォン・カラヤンとウラディーミル・ホロヴィッツというクラシック界の怪物2人が他界した。大きく時代が変わろうとしていたのだ。ベルリン・フィルのシェフにはロリン・マゼールでもズビン・メータでもなく、クラウディオ・アバドが就任した。アバド、アルゲリッチ、ポリーニの時代がやって来たのだ。ピエール・ブーレーズやニコラウス・アーノンクールはもはや大御所だ。

１９８０年代の終わりにウィーン・フィルから「名誉の指環」を授与されたポリーニは、１９９０年代半ばにかけて「金の名誉賞」（ザルツブルク州）、「エルンスト・フォン・ジーメンス音楽賞」、「ルービンシュタイン賞」、「大十字騎士章」、「ミケランジェリ賞」など次々と受賞。１９９３年にはベートーヴェンのピアノ・ソナタ全曲演奏に取り組み始め、１９９４年には現代音楽を中心に据えた「ウンベルト・ミケーリ国際ピアノ・コンクール」を立ち上げた。

ベートーヴェンなどの古典派とシェーンベルクやノーノなどの現代音楽を両輪にしてキャリアを構築していた。「ベートーヴェンとシュトックハウゼンは同じくらいにエキサイティングだ」と言って喜んで演奏する一方で、嫌いな曲は弾かない。頑固なのである。

ポリーニは「同じ現代音楽でも好き嫌いがある」と言う。「安易な音楽、簡単な方法で聴衆を喜ばせようとして作った音楽は嫌い」なのだ。「過去の模倣に過ぎない音楽、上昇を志したアヴァンギャルドな瞬間を拒絶した音楽は嫌い」だと。

私はこの「聴衆を喜ばせようとして作った音楽は嫌い」という部分が引っかかる。あえて

「現代音楽で」というエクスキューズをしているが聴衆を喜ばせようとして作った現代音楽なんて存在しない。つまりはホロヴィッツやアルゲリッチみたいなやつはどうかな、と言ってるように聞こえる。ラフマニノフをエモーショナルに弾いて客を喜ばせて、それってどうなんだと。

思えばこの二項対立はショパン・コンクールにまでさかのぼるのだ。ポリーニは、ともかくスコアに忠実に、メカニカルに、完璧にショパンを弾いて優勝した。5年後、アルゲリッチはショパンの中にあるロマンティックかつエモーショナルな部分を引っ張り出して優勝した。ともに観客の熱狂を背中に受けながら。

あれだけ「美しい音色、粒だった音、鉄壁のテクニック」そしてあのルックスがあるマウリツィオ・ポリーニならば、帝王カラヤンと組んで、煽情的な楽曲をどんどん弾いて、世界的なスーパースターとしてのゴージャスな人生も簡単に手に入れられたはずだ。が、ポリーニはそれをしなかった。誰かが言っていたがまさに求道者のようだ。だから日本で人気が高いのかもしれない。

その一方で、ポリーニが大ピアニスト、あるいは巨匠然としていく中、演奏会で生演奏を聴いた愛好家から「ポリーニちょっと衰えたよね」という声がちらほら上がり始めるのだ。

90年代に大きな病気をした、という話もある。それ以降、鉄壁のテクニックに影が差したと。

どちらにしろ、50歳の声を聞くと筋力も衰える。反射神経も。ヴァイオリニストはボウ(弓)を上下させる右手の筋力が落ちると目に見えて演奏に表れる。ピアニストはどうなのか――。

ポリーニはそもそも「演奏していて疲れる曲は弾かない」と明言している。誤解を招きかねない表現だが、彼が意図するのはかつてショパン・コンクール優勝時にルービンシュタインが彼の背中を中指で押して「いつもこの強さで弾いている。だから疲れない」の「疲れない」である。

その絶妙なタッチはルービンシュタインゆずりの奥義であり、「疲れる曲は弾かない」とは自分の演奏スタイルを崩してまでレパートリーを広げない、という意味だ。ポリーニの生命線は、クリアで美しい音色、粒だった音、鉄壁のテクニック。それもルービンシュタインから学んだ絶妙なタッチに由来する。ただ筋力の衰えは否めない。

さて、アバド、アルゲリッチ、ポリーニの時代がやって来て以降、アルゲリッチもポリーニもソロ・ピアノを弾きたがらなくなった。アルゲリッチはリサイタルは寂しいからいやだと言い、ポリーニの場合は他にやりたい事があると言う。やりたくない事はやらずに済むプレゼンスを獲得した、という事情もある。それは他方でこんな事をしたい、というプランも実現可能になったという事だ。

アルゲリッチはジュネーヴやブリュッセルの家にワサワサ集まってきた若手演奏家や気の合うロシアのユダヤ系演奏家たちと一緒に演奏したいと思い、ポリーニは若い担い手を登用しながら「現代音楽」にもっともっと日の目を当てたいと思っていた。

そして奇しくも、日本というロケーションが彼らのプランにアジャストした。

アルゲリッチは1995年から「別府アルゲリッチ音楽祭」をスタートさせ、ポリーニは同年の「ピエール・ブーレーズ・フェスティバル in Tokyo」のオープニング・リサイタルから「ポリーニ・プロジェクト」へと続く流れを作った。

もうひとつ、東京が2人を結びつけたことがある。

1995年、彼らの師であるアルトゥーロ・ベネデッティ・ミケランジェリが他界した。その3年後に東京で再会した2人は、ミケランジェリに捧げるコンサートをそれぞれ東京で開催しようと話し合ったのだ。

2000年11月、まずはアルゲリッチが、すみだトリフォニーホールで「アルトゥーロ・ベネデッティ・ミケランジェリに捧げる」コンサートを開催した。このうち、ソロ・ピアノの演奏を収めたＣＤは「梶本音楽事務所」（現ＫＡＪＩＭＯＴＯ）の創立50周年を記念して会員に配られ（非売品）、２０１１年の東日本大震災に際してチャリティＣＤとしてリリースされた。

そこに収められているのはバッハ《パルティータ第２番》やショパン《マズルカ第40番》《スケルツォ第３番》、プロコフィエフ《戦争ソナタ》など彼女らしいセットリストだ。

ポリーニは翌２００１年５月、サントリーホール（大ホール）で「アルトゥーロ・ベネデッティ・ミケランジェリに捧げる」コンサートを開催した。こちらは《スケルツォ第１番》《バラード全曲》などオール・ショパン・プログラム。

ショパン・コンクール優勝直後はショパニスト（ショパン弾き）のレッテルを嫌って現代音楽のレパートリーにまで手を伸ばしたポリーニだが、重要な局面にはショパンを弾く。

アルゲリッチがミケランジェリの追悼コンサートを開いた２０００年の１月には、フリードリヒ・グルダも他界している。

アルゲリッチはどうしても出席したいと言って彼の葬儀に参列し、その足で東京に飛んだ。ウラディーミル・アシュケナージの指揮でショパン《ピアノ協奏曲第１番》をぶっつけ本番で演奏した。彼女の父親フアン・マヌエル・アルゲリッチもこの年、亡くなっている。２０

03年には弟のカシケも亡くなった。
アルゲリッチの人生からひとりずつ、愛しい人が去ってゆく――。

第4章

21世紀のヴィルトゥオーゾ

（2001年〜）

リダのヴィオラとダニエレのピアノ

21世紀に入った。アルゲリッチとポリーニは相次いで60歳を迎えた。アルゲリッチはパリに家を買った。

マルタ・アルゲリッチの娘たちはムーラン・ダンデでサプライズ・バースデーパーティを開いた。マウリツィオ・ポリーニは13枚組の記念CDがリリースされた。

アルゲリッチは2002年に『ルガーノ・フェスティバル』の中で「アルゲリッチ・プロジェクト」を立ち上げ、それは2016年まで続いた。スイスと別府で自分の好きな人たちとの演奏を楽しむ場所を作ったのだ。ルガーノでの演奏はEMI（2013年以降はワーナー・クラシックス）を中心にCDがリリースされ、その音源で自由で闊達な演奏を聴くことができる。

その中に、長女リダ・チェンと共演した音源もある。彼女は、ミッシャ・マイスキー、ガブリエラ・モンテーロといった名手たちと室内楽で共演した。もちろん、母親マルタ・アルゲリッチとも共演している。ヴィオリストだからこそ、こうした世界の名手と共演できるのだ。

若き日、ホロヴィッツに会いたい一心で訪れたニューヨーク。その熱狂のさなかで授かった命。

過剰を抱える母親ファニータ（リダにとっては祖母）は施設からリダを連れ出し、警察沙汰になった。母親とも祖母とも会えない十代を過ごしたリダは、出し抜けにアルゲリッチの前に現れた。19歳になっていた。ファニータはエキゾチックな孫娘を見て、映画スターに仕立てようと奔走し始める。相変わらずのファニータだ。もちろんリダは「ノー」と言い、「あんた何様のつもり」とファニータが応じた。相変わらずのファニータだ。

リダ・チェン

リダは中国から移り住んだのち、ヨーロッパにやって来てジュネーヴ大学で法律と音楽学を学んだ。そして、母親と同じ音楽の道を志す。

ミューズ（音楽の女神）は人に様々な楽器を与えた。光り輝きたい人のための楽器、そんな人を支えたい人のための楽器、リズムを作り出したい人のための楽器、それらの楽器を束ねて大きく音楽を導くためのバトンもある。

リダは最初はジュネーヴ音楽院でアイラ・エルド

ウランからヴァイオリンを習い、それからヴィオラという楽器を選んだ（ジュネーヴ音楽院で室内楽のディプロマを取得した）。あるいはヴィオラにリダは選ばれたのかもしれない（ミューズが彼女にヴィオラを与えた）。内声部を担うヴィオラ。それは輝きたい人を輝かせるための楽器だった。マルタ・アルゲリッチが弾くピアノという楽器は、もちろん自らが輝くための楽器でもあるが、サポートに回る事ができる楽器である。オーケストラが揃わない時にはバトンの代わりにもなる。ヴィオラはそれすらもできない。オーケストラ、弦楽四重奏団と必要とされる機会は限られている。しかし、いいヴィオリストがいないオケは味気ない。

ステファニーが17歳の時だったというから1992年あたりだろうか、リダがブリュッセルに帰って来た。彼女は未婚で妊娠していた。何という巡り合わせ。マルタ・アルゲリッチの娘も勝手に妊娠して帰って来た……。リダは小さい頃、1枚のレコードを何度も何度も聴いていたという。それはマルタ・アルゲリッチのプロコフィエフ（ピアノ協奏曲）。幼い子供が何度も聴いて楽しい音楽ではない。母親への強い思い。そしてDNA……。

1996年、リダ・チェンはコペンハーゲンで初めて母親マルタ・アルゲリッチとの共演が実現した。それ以降、ベルビエ音楽祭、ラ・ロック・ダンテロン、ヴィヴィエ、ナントのラ・フォル・ジュルネなどで演奏。別府アルゲリッチ音楽祭の常連でもある。

翌1997年、ペーザロ（イタリア）のロッシーニ・オペラ・フェスティバルでダニエレ・ポリーニがピアニストとしてデビューを飾った。

ダニエレはキジアーナ音楽院で指揮法をジャンルイジ・ジェルメッティに学び、2002年にはラヴェンナ音楽祭でRAI国立交響楽団とベートーヴェンの《交響曲第6番》《第7番》を演奏。指揮者デビューも果たしている。以来、父親マウリツィオ・ポリーニをソリストに迎え、指揮者とピアニストという形で共演している。

ダニエレ・ポリーニ

例えばスペインのガリシア交響楽団の公式Youtubeには親子が共演したベートーヴェン《ピアノ協奏曲第5番・皇帝》の演奏がアップされている。打点の高い指揮をするダニエレ・ポリーニはオーケストラから深い響きを引き出していた。まるでカルロス・クライバーのように流麗なバトンさばきだ。

室内楽で母親マルタ・アルゲリッチと共演するリダ、父親マウリツィオ・ポリーニをソリストに迎えたオーケストラを振ってコンチェルトで共演するダニエレ。
やはり蛙の子は蛙だ。前にも書いたが、才能とはＤＮＡのデータのことなのだ——。

ポリーニのオクターブ・グリッサンド

２０１２年には「ポリーニ・パースペクティヴ」というタイトルの演奏会シリーズが東京で開催され、ここでは父親の代役も含めてダニエレがピアノ演奏を披露したので覚えている方も多いかもしれない。

前章でも紹介したが、ポリーニは自身のリサイタルやオーケストラとの共演の他に「ポリーニ・プロジェクト」や「ポリーニ・パースペクティヴ」を主に大都市で開催する。逆にいえば、ポリーニといえども大都市以外での集客は難しいのだ。

このシリーズでは、18世紀の古典派の楽曲から現代音楽までが混在する。同じ日のプログラムに両者を並べることで、例えばベートーヴェンの「革新性」、ブーレーズの「響きの美しさ」を再確認させる狙いがある。

そして注目すべきは、１９９８年に東京で行われた「ポリーニを囲む会」。自身の演奏会の合間に開催。

壇上にはポリーニと音楽学者、必要とあらばピアノを弾いてレクチャーを加える。

注目すべきは質問コーナーである。一般の観客が英語でポリーニに質問をする。そして、ポリーニも英語で答える。このコーナーで観客が、「できればワルトシュタイン・ソナタのオクターブ・グリッサンドを聞かせて下さいませんか」というお願いを（もちろん英語で）した。ポリーニは「オクターブ・グリッサンドかい?」と言って、立ったまま涼しい顔でオクターブ・グリッサンドを数回、披露した。

グリッサンドは鍵盤の高い音から低い音へ（その逆もある）途切れることなく駆け上がる（または駆け下りる）奏法である。これはさして難しくはない。しかし、これをオクターブ上下の2音同時になるとなると、いきなり難しくなる。片手では難しいので両手で弾く人もいる。ベートーヴェンの《ピアノ・ソナタ第21・ワルトシュタイン》の第3楽章コーダに入って、つまりはいよいよ佳境ですよというところで、右手の下降、すぐに左手で上昇が出てくる。

ポリーニはこの一連の動作を素早く、正確に弾いて見せた。感嘆の声と拍手。苦笑いを見せるポリーニ。「こんなのでいいの?」という顔をして。

ポリーニは、日本での演奏会シリーズ（ポリーニ・プロジェクト等）の中で、ジャコモ・マンゾーニの新作やヘルムート・ラッヘンマンの作品を演奏する。そんな意欲的な試みを受け入れるだけの教養が日本の観客にはあると思っているのだ。彼は。

「ヨーロッパの聴衆は調性音楽を好む傾向にあるが日本の観客はそれほどではない。日本は無調音楽を受け入れる環境がある」という。

そんなことはない。やっぱりポリーニが来ればショパンが聴きたいと（実は）思っている（アルゲリッチが来ればガスパールを弾いてくれないかなと思う）。ただ、ポリーニがそれを演奏するなら我々はそれを聴く。みんなポリーニというピアニストを愛し、畏敬の念を抱いている。それが故に現代音楽のプログラムにも足を運ぶのだ。

アルゲリッチはよく「私はアマチュアのピアニスト」と言うらしい。これは、ポリーニのように音楽学的に、あるいは21世紀のピアニストとしてやるべきことをやっている姿を見て、自分はそうではないと思っているフシがある。アルゲリッチは楽曲全体をとおして作曲家の息遣いや心の動きをモニターしてしまう（そしてそれを再現する）。ポリーニはスコアから作曲家の意図を汲み取る。

同じコンクールから現れた世界的なピアニストの２人だが、大きな違いはその辺りにある。

「忌々しい娘」という名のドキュメンタリー・フィルム

2011年にアルゲリッチ初の伝記『マルタ・アルゲリッチ　子供と魔法』(音楽之友社)が発売された。そして翌2012年には三女ステファニーによるドキュメンタリー映画『アルゲリッチ　私こそ、音楽!』が公開された。

ステファニーはアルゲリッチと一緒に来日し、よくカメラを回していた。録音スタジオで、演奏会場の楽屋で。もちろんプライベートな部屋で。

原題は“BLOODY DAUGHTER”。本編中でもコヴァセヴィチとステファニーの会話で示されているが、これは「忌々しい娘」というニュアンスである。タイトル通り、実の父親スティーヴン・コヴァセヴィチと娘ステファニーの関係を軸にして、世界的ピアニストであり母親であるマルタ・アルゲリッチの素顔を鮮やかに浮かび上がらせるスタイルだ。

スティーヴン・コヴァセヴィチには3人の妻と4人の息子がいる。娘はステファニーひとりだけ(これを“BLOODY DAUGHTER”と表現しているらしい)。ベートーヴェンを弾くことをライフワークに朝早く起きて毎日きちんとピアノの練習をするロンドン在住のアメリカ人にしては、少し結婚・離婚の数が多い。

さらに言うとコヴァセヴィチとアルゲリッチは結婚していない。ニューヨークの熱狂ののちヨーロッパに戻って来てリダを産み、アルゲリッチが親しくなったのはコヴァセヴィチではなくシャルル・デュトワだった。アルゲリッチとコヴァセヴィチはくっついたり離れたり、を繰り返しているソウルメイトなのだ。

さて、このドキュメンタリー映画で象徴的なシーンがある。

マルタ・アルゲリッチ、リダ・チェン、アニー・デュトワ、ステファニー・アルゲリッチの4人が芝の上に座って話をしているシーンだ。それぞれ父親が違う3人の娘たち——。母親はあーだこーだ言いながら足の爪を切り、マニキュアを塗っている。ペチャクチャとおしゃべりをする女たち。この女たちも過剰を抱えているのだ。祖母、そして母親が抱えていたあの過剰を——。

ユダヤ人は「ユダヤ人の母から生まれた者、もしくはユダヤ教に改宗し他の宗教を一切信じない者」という規定がある（帰還法）。そうユダヤ民族は女系社会なのだ。マルタ・アルゲリッチという女は見事に娘ばかりを産んだ。

このフィルムにはスティーブン・コヴァセヴィチのほか、シャルル・デュトワ、ロバート・チェンも登場する。かつての恋人ミシェル・ベロフの映像もある。そのシーンで彼は父親代わりだったとステファニーは言う。彼が去った後、母親は娘に泣いて過ごす自分の姿を見せた。そしてその心の裡を話して聞かせた。

ステファニーは母親が練習するピアノの下でよく眠っていたという。何という贅沢な時間。アニーは母親の代わりにステファニーが学校に提出する「欠席届」の文面を考えた。ほんとはチェロが弾きたかったと笑う。でもアニーもステファニーも音楽の道には進んでいない。

こんなふうに市井の家族、市井の親子では考えられないエピソードだらけだが、これは世界中にいる親と子の物語でもある。そう、あなたの物語でもあるのです。

もうお気づきかと思うが、もうひとりの重要な男がこのフィルムには登場しない。そうアレクサンドル・ラビノヴィチその人である。彼もまた過剰を抱えるユダヤ人。なれど、このドキュメンタリーにもアルゲリッチの人生にももう登場しない。

ダニエレ・ポリーニの二刀流

2015年にはポリーニのドキュメンタリー・フィルム『De main de maitre』もリリースされている。「巨匠の手から」という意味のタイトルを掲げたこのドキュメンタリーは、グレン・グールドやスヴャトスラフ・リヒテルのドキュメンタリーを撮った映像作家ブリューノ・モンサンジョンの手によるものだ。

そこには妻や息子の姿はない。寝起きの姿もない。自宅で音楽について語るポリーニ本人、アバドとのリハーサルや演奏風景。そして政治の話。ピエール・ブーレーズやルイジ・ノーノも登場するが、ポリーニは本番直前にゴネたりもしない。

まるでムービースターのように表の顔しか見せない。さながら彼の音楽のようだ。アルゲリッチのショパンからはアルゲリッチの息遣いが溢れ出してくる。ポリーニにはそれはない。作曲家の顔が見えても、ポリーニ本人のバイブレーションが見え隠れしてはいけないと本人が思っているのだ。このドキュメンタリーも同じ。ポリーニ本人が喋っているのにポリーニの素顔がちっとも見えてこない。アルゲリッチのドキュメンタリーからは彼女のハートの音が聞こえてくるのに。

それはそのまま2人の音楽性にも当てはまる。アルゲリッチのショパンとポリーニのショパンは比べようもない。どちらが良くてどちらが悪いという話ではない。ずっとそうやって過ごして来たのだ。

ポリーニは『ポリーニ・プロジェクト・in 東京』では指揮台に立っている。「声楽曲に対するノスタルジー」を標榜し、声楽曲をプログラムに入れた。確かにポリーニの中にはカンタービレがある。でもそれはちゃんとカタチになっていない。

何かポリーニは大きなものを背追い込んでる気がする。ルネッサンスの国の芸術一家の一員として。アルゲリッチが友人たちと室内楽を楽しんでるというのに。同じショパン・コンクール・ウィナーでいえば、ユンディ・リなんてコンクールの審査員の仕事をほったらかして中国に帰って友人の結婚式に出席してたというのに。

ポリーニの息子ダニエレの溌剌とした指揮者ぶりは少し前に触れたけれど、２０１６年にはとうとう親子共演のＣＤがドイツ・グラモフォンからリリースされた。マウリツィオがドビュッシー《前奏曲集第2巻》を弾き、そのあとにドビュッシー《白と黒で》をダニエレと連弾している。ソリストと指揮者のほか、この親子は4手（ピアノ2台）の曲で共演をしていたのだ。

そして２０１８年、ダニエレがピアニストとして『デビュー〜ショパン、スクリャービン、シュトックハウゼン：ピアノ作品集』をドイツ・グラモフォンからリリースした。彼のショパン《12の練習曲》を聴いてニヤリとした方も多いと思う。明るく屹立した輝かしい音、曖昧さを削《そ》ぎ落とした明瞭なテクスチュア。まるで父親の名盤を完コピしたかのようだ。スクリャービンも自分の音楽にしてる。驚くべきはシュトックハウゼン。どこのピアニストがデ

ビュー・アルバムにシュトックハウゼンのレパートリーを入れるだろう⁉

同じ年（２０１８年）、マウリツィオ・ポリーニも満を持して『ショパン作品集』をリリースした。《ノクターン第15番》《16番》《マズルカ第33番》《第34番》《第35番》《ピアノ・ソナタ第３番》。変ニ長調の《子守唄》もある。

特に２０１８年に演奏会でも披露した《ピアノ・ソナタ第３番》は出色。粒だった明るい音は我々が何十年もなじんだポリーニのそれだが、肩から力が抜けてどこか気難しい老人がふと微笑んでくれてるような人間味が滲む。そして、この人の奥底にはやはりイタリア人由来のカンタービレが脈づいていたのか。

そうカンタービレ――。

人間の生きてる喜び、嬉しくて仕方がない感情が歌になって唇を震わせるあのカンタービレです。ポリーニのピアノからカンタービレを奪っていたのは知性？　理性？　それともポリティカルな何か？

ただ、２０１８年の秋に予定されていた日本公演は、ポリーニのフィジカルな問題により中止になった。主催者のカジモトのホームページにわざわざ一文を寄せている。その挨拶文は次のような文章で結ばれている。

「数十年にわたり愛情と尊敬の念をもって続いてきた日本の聴衆の皆様との関係は、私の宝です」

その律儀さを、真摯《しんし》な姿を、不器用さを日本のファンは愛して止まない。

小澤征爾とのベートーヴェン

マウリツィオ・ポリーニが相変わらず世界各地で勲章を受けている一方、マルタ・アルゲリッチも様々な勲章を受けた。ポリーニと同じ「ミケランジェリ賞」や日本でも「高松宮殿下記念世界文化賞」を受賞している。アルゲリッチは2005年に、ポリーニは2010年に。アルゲリッチは同時に「旭日小綬章」も受賞しているし、皇后陛下（当時）と連弾もしている。何だかどんどん日本という国との親和性が濃くなっている印象だ。

2014年には『ラフォルジュルネ・オ・ジャポン』（熱狂の日音楽祭）に出演して周囲を驚かせた。ルガーノ・フェスティバルなどで共演している酒井茜《あかね》（1976年、名古屋生まれ）とのピアノ・デュオ（ストラヴィンスキーの春の祭典）など室内楽を披露。アルゲリッチ音楽祭で毎年来日しているとはいえ、ほとんどは別府での公演。安いチケット代で様々な音楽を楽しめる『ラフォルジュルネ』はその分チケットを取るのが難しいが、どんな形であれ東京公演があるのは嬉しい。

２０１７年には、別府アルゲリッチ音楽祭の一環として小澤征爾（１９３５年、奉天生まれ）率いる水戸室内管弦楽団との共演が実現した。場所は水戸芸術館コンサートホール。70歳を超えたアルゲリッチの好きな作曲家はシューマン。そしてベートーヴェン。水戸ではそのベートーヴェンの《ピアノ協奏曲第１番》を共演した。１９５５年にグルダの講習会で新たに心惹かれたベートーヴェンの《ピアノ協奏曲第１番》だ。

小澤征爾は２０１０年に食道癌が見つかって以来、体調が良くない。松本のフェスティバルも体調不良で中止になることもしばしばだ。それでも、水戸では精緻なアンサンブルと清《せい》冽《れつ》な響きを持つ水戸室内管弦楽団とベートーヴェンの《交響曲第１番》を演奏した。この模様はＣＤ化された。小澤とアルゲリッチのコンビの録音は１９８３年にミュンヘン（バイエルン放送交響楽団）で同じ曲を録音して以来のことだ。

そして、２０１９年、東京オペラシティで『ピノキオ支援コンサート』（教育プログラム）が行われるという。これは『別府アルゲリッチ音楽祭』の一環でもある。

小澤征爾指揮、水戸室内管弦楽団、ソリストにアルゲリッチを迎えるという。彼女が弾くのは師グルダが得意としたベートーヴェン《ピアノ協奏曲第２番》。

よし、久しぶりにアルゲリッチの演奏を聴こうと思い立った——。

当日、いつものように上手楽屋口側の2階バルコニー席に座る（私はだいたいこの席に座る）。水戸室内管弦楽団には見たことのある演奏者（普段はソリストとして活躍している）が結構いた。ヴァイオリンの豊嶋泰嗣《やすし》、竹澤恭子（前半のプログラムでは2プルにいた）、チェロの原田禎夫《さだお》。

前半のプログラム、ハイドン《交響曲第6番》とウェーベルン《弦楽四重奏のための5つの楽章》は小澤の体調を鑑《かんが》みて指揮者を置かない形となった。

ハイドンからは18世紀の響きが立ちのぼった。こんなオーケストラが日本にあったのか。一転してウェーベルンはきちんとした譜読みとピツィカートひとつにも気を配った精緻な演奏。

後半に入る前、2階席正面に上皇ご夫妻が座られた。拍手で迎える観客たち。小澤征爾とアルゲリッチも現れた。プログラムには「小澤は体調によってはベートーヴェンの全曲を指揮するとは限らない」というエクスキューズが書かれている。でも、ちゃんと出てきた。

指揮台のところに椅子が置かれた。小澤が座る。座ったますぐに小澤が両手を上げ、演奏が始まった。

張り切っている小澤の指揮について行こうとして時々オーケストラのバランスが崩れる。それでも小澤の指揮通りに演奏したいという気持ちが伝わってくる。

アルゲリッチが弾き出した。何という軽やかな音。かつては鍵盤を叩きつけるような、挑むようなピアノを弾いていた女が、である。50メートル先から全速力で走ってきて体当たりをするようなピアノを弾いていたボリス・ギルトブルグもこんなピアノを弾けるようになるのだろうか。

アルゲリッチはしばしば小澤の様子を見る。小澤は体を左右に揺らしてベートーヴェンの音楽を楽しんでいる。

第2楽章も第3楽章もそのまま小澤が振った。オーケストラもよい響きになってきた。アルゲリッチは相変わらず軽やかに弾いている。

気づくと少し涙が滲んでいた。映画の試写で泣くことはたまにある。けれどもクラシックの演奏会で泣くことはない。

ただ一度、上野の東京文化会館（小ホール）で泣いたことがある。２００７年、イェルク・デムスがブラームスとシューマン夫妻の曲を取り上げ、レクチャー・コンサートをした時だ。何度目かのアンコールにさらりとデムスがシューマンの《トロイメライ》を弾き始めたのだ。その無垢で優しい響きがえらく美しかった。ヨーロッパから来たピアノ弾きのおじいちゃんに無言で背中をさすられているような気がして涙が出た（私生活でなにがしかの問題を抱えていた時期だった）。

東京オペラシティに戻る。ベートーヴェンのピアノ・コンチェルトが終わった。凄まじい拍手だ。みんな立ち上がっている。小澤も立ち上がる。アルゲリッチが手を取ってステージ正面でお辞儀をする。何度も何度も。小澤の手を引いてアルゲリッチが楽屋に引っ込む。また出てくる。お辞儀をする。また引っ込む。また出てくる。全く拍手が鳴り止まない。

２階正面の上皇ご夫妻もずっと拍手をしている。観客も立ち上がったまま拍手をやめない。アルゲリッチがピアノの前に座った。何を弾くのか。聴いたことのある旋律だ。シューマンの《子供の情景》の最初の曲。「見知らぬ国と人々について」だ。アルゲリッチが愛するシューマン。シューマンにはよく泣かされてる。ほどなく次の曲を弾き始める。これもよく聴く曲。バッハ《イギリス組曲第３番》の「ガヴォット」だ。何という優しい響き。

小澤は車椅子に座って楽屋口でじっと聴いていた。きっと背中をさすられているような気分だったに違いない。

上皇ご夫妻が帰られた。アルゲリッチと小澤は舞台の上でそれを見送った。

それからも2人は何度か出たり入ったりお辞儀を繰り返した。何せ観客が拍手をやめないのだ。小澤は舞台に出る時はずっと自力で歩いていた。

一度だけ、アルゲリッチが小澤の手を離して一人でスタスタ楽屋に帰ったことがあった。あなた病気なんだからいい加減にしなさい、とでもいうように——。

ああ、これがマルタ・アルゲリッチなんだな、とその時思った。如才なく立ち振る舞うクラシックの大御所たちにあって、むき出しのままのマルタ・アルゲリッチはいい。こんな人の弾くピアノだからこんなに魅力的なんだ。

終章

ショパン・コンクールの歩き方

世界のコンクール事情

2020年はショパン・コンクール・イヤーである。ポリーニとアルゲリッチが優勝を飾った1960年代を境にして、ショパン・コンクールのあり方、クラシック音楽界における役割が劇的に変化した。というわけでこの章は様々な視点からショパン・コンクールにスポット・ライトを当てつつ、せっかくなので「ショパン・コンクール2020」の楽しみ方までお届けしたい。

まずは、世界のコンクール事情。

世界で活躍するピアニストの多くはコンクール入賞をきっかけに世に出ている。もちろん、本書で再三登場するショパン・コンクール以外にも色々ある。

主だったピアノ・コンクール（ピアノ部門のあるコンクール）をざっと書き出してみる。

ショパン国際ピアノ・コンクール

1927年にスタート。ショパンの命日（10月17日）を含む約3週間、ワルシャワで開催される。課題曲はすべてショパン作品。5年に一度開催される。

入賞者に関してはけっこうな人数になるので本文でその都度触れることにする。

エリーザベト王妃国際音楽コンクール

1937年、前身のイザイ・コンクールがスタート。ベルギーのブリュッセルで開催される。1951年から現在の名前になっている。ピアノ、ヴァイオリン、チェロ、声楽、作曲の各部門で争われるが、ピアノ部門は概ね4年に一度開催される。

主な入賞者は、1956年・1位のウラディーミル・アシュケナージ、1972年・1位のヴァレリー・アファナシエフ（1947年、モスクワ生まれ）、2013年・1位のボリス・ギルトブルグなど。1987年には若林顕《あきら》（1965年、東京生まれ）が2位、仲道郁代（1963年、仙台生まれ）が5位に入っている。

本文中でも触れたがアルゲリッチの母親ファニータが娘にこのコンクールを受けさせようと躍起になっていたことがある。1950年代は、戦前に設立されたショパン、エリーザベト、ジュネーヴ、ロン=ティボー、ブゾーニあたりの老舗《しにせ》コンクールで入賞することが重要だった。

ジュネーヴ国際音楽コンクール

1939年にスタートした最古のコンクールのひとつ。スイスのジュネーヴで毎年行われるが、ピアノなどの器楽、作曲、弦楽四重奏などの各部門から数部門が行われる。ピアノ部門は毎年開催ではない。

主な入賞者は1939年・1位のアルトゥーロ・ベネデッティ・ミケランジェリ、1942年・1位のゲオルグ・ショルティ（のちに指揮者になる）、1957年・1位にはマルタ・アルゲリッチ、2010年には日本人として初めて萩原麻未《まみ》（1986年、広島生まれ）が1位に輝いている。ポリーニは1957年と1958年に2位になっている。

私はショパン・コンクールではそのうち日本人優勝者は出るだろうが、ジュネーヴで優勝するのは難しいと思っていた。とにかくジュネーヴはコンテスタントに高いレヴェルを要求していて、簡単に1位を出さない。1986年のように1位も2位もなく最高位が3位（仲道郁代）だったこともある。だから、萩原麻未の1位はとても驚いたし嬉しい結果だった。

ロン＝ティボー国際コンクール

1943年、パリ音楽院で学んだマグリット・ロンとジャック・ティボーによってパリで設立された。当初はピアノ部門とヴァイオリン部門でスタートし、声楽部門が加わった。ピアノ部門は3年に一度の開催で、課題曲にショパン、フォーレなどフランス音楽が指定されることが多い。

主な入賞者は、第1回の1943年・1位にサンソン・フランソワ（1924年、フランクフルト生まれ）、1949年・1位はアルド・チッコリーニ（1925年、ナポリ生まれ）、1983年・1位にスタニスラフ・ブーニン。1959年の松浦豊明《とよあき》（1929年、大阪生まれ）、1981年の清水和音《かずね》（1960年、東京生まれ）、1986年の藤原由紀乃（1966年、東京生まれ）、1992年の野原みどり（1967年、東京生まれ）、2007年の田村響《ひびき》（1986年、安城生まれ）、2019年の三浦謙司（1993年、神戸生まれ）と日本人優勝者を多く出している。近年は「1位なし」という年もしばしばある。

ブゾーニ国際ピアノ・コンクール

1949年にイタリアのボルツァーノでスタート。ピアニストで作曲家のフェルッチョ・ブゾーニの名を冠したコンクール。スタート時から毎年開催されていたが、2004年より2年かけての開催（1年目に予選、2年目に本選）というコンテスタント（コンクールを受けるピアニスト）には過酷なスケジュールとなっている。

主な入賞者は、１９４９年・４位のアルフレート・ブレンデル、１９５２年・４位のイングリット・ヘブラー（１９２９年、ウィーン生まれ）、１９５６年・１位のイェルク・デムス、１９５７年・１位のマルタ・アルゲリッチ、１９６６年・２位のリチャード・グード（１９４３年、ニューヨーク生まれ）、１９９９年・１位のアレクサンダー・コブリン（１９８０年、モスクワ生まれ）、２００１年・１位のアレクサンダー・ロマノフスキー（１９８４年、ウクライナ生まれ）など錚々たる顔ぶれである。１９８５年には若林顕が、１９９４年に村上巌《いわお》（１９７２年、千葉生まれ）がそれぞれ2位に入っている。

ヴィオッティ国際音楽コンクール

１９５０年にイタリアのヴェルチェッリでスタート。作曲家でヴァイオリニストのジョヴァンニ・バッティスタ・ヴィオッティの名を冠したコンクールで、ピアノ、作曲、弦楽四重奏の３部門でスタートしたが、２００９年以降はピアノ部門と声楽部門が1年ごとに開催されている。ピアノ部門は20世紀の音楽と選定されたベートーヴェンのソナタ全楽章が必修課題曲になっている。

主な入賞者は、1967年ピアノ二重奏部門1位のジャック・ルヴィエ（1947年、マルセイユ生まれ）、1978年・1位のアンジェラ・ヒューイット（1958年、オタワ生まれ）などがいる。1954年には高野耀子（1931年、パリ生まれ）、1971年に田近完《たじかひろし》（1948年、東京生まれ）、1983年に津田真理（1962年、東京生まれ）、1999年に木村綾子（1973年、福岡生まれ）、2001年に河村尚子（1981年、西宮生まれ）、2005年に加野瑞夏《みずか》（出生年不詳、東京生まれ）がそれぞれ1位に輝いている。

ミュンヘン国際音楽コンクール

1952年、ARD（ドイツ公共放送連盟）がスタートさせた。ピアノ、声楽、器楽などから毎年任意の部門が開催される。ピアノ部門は2002年まで2年に一度開催されていたが、それ以降は不定期開催になっている。

主な入賞者は、1954年（順位を付けなかった）のイングリット・ヘブラー、1973年・2位のチョン・ミョンフン（1953年、ソウル生まれ）、1983年には伊藤恵（1959年、名古屋生まれ）が1位、1989年には田部京子（1967年、室蘭生まれ）が3位、1991年には児玉桃《もも》（1972年、大阪生まれ）が2位、2006年に河村尚子が2位に入っている。

チャイコフスキー国際コンクール

1958年にスタート。4年ごとにモスクワで開催される。ピアノ部門、弦楽器部門、声楽部門がある。ショパン・コンクールと並ぶ世界的に権威のあるコンクール。旧ソ連がプロパガンダとして立ち上げた側面もあったが第1回の優勝者がアメリカ人ピアニスト、ヴァン・クライバーン（1934年、シェリーヴポード生まれ）という皮肉なスタートとなった。

主な入賞者は、1962年・1位のウラディーミル・アシュケナージ、1974年・1位のアンドレイ・ガヴリーロフ（1955年、モスクワ生まれ）、この時の2位にチョン・ミョンフン、4位にアンドラーシュ・シフ（1953年、ブダペスト生まれ）、1978年・1位にミハイル・プレトニョフ（1957年、アルハンゲリスク生まれ）、1990年・1位のボリス・ベレゾフスキー（1969年、モスクワ生まれ）、1998年・3位にフレディ・ケンプ（1977年、ロンドン生まれ）、2011年・1位にダニール・トリフォノフ（1991年、ニジニ・ノヴゴロド生まれ）、2011年・3位にチョ・ソンジン。日本人では1982年・3位に小山実稚恵（1959年、仙台生まれ）、2002年・1位の上原彩子、2019年・

2位の藤田真央がいる。

2015年にはショパン・コンクールと同年開催となったため、モスクワで入賞したコンテスタント数人がショパン・コンクール本選に出場しないという事態も。

リーズ国際ピアノ・コンクール

1961年、イギリスのリーズでスタート。ファニー・ウォーターマンとマリオン・ソープという2人のピアニストによって設立された。3年ごとに開催され、3週間という比較的長い審査期間が設けられている。

主な入賞者は、1969年・1位のラドゥ・ルプー（1945年、ガラツ生まれ）、1972年・1位のマレイ・ペライア（1947年、ニューヨーク生まれ）、1975年・1位のドミトリー・アレクセーエフ（1947年、モスクワ生まれ）、2018年・1位はエリック・ルー（1997年、ベッドフォード生まれ）。エリック・ルーは2015年のショパン・コンクールで4位（当時17歳！）に入った新鋭である。

日本人では1975年の2位に内田光子が入っている。2015年の5位に入った北村朋《とも》幹《き》（1991年、愛知生まれ）は「リーズ国際ピアノ・コンクールの演奏曲は合計160分間、全部ソロの自由曲。僕はこれが『お前はどんな演奏家になりたいのかを見せろ』ということだ」と思い、「1次予選で落ちても全然ハッピーだな」と思えたという。

ヴァン・クライバーン国際ピアノ・コンクール

1962年にアメリカのフォートワースでスタート。第1回チャイコフスキー国際コンクールで1位に輝いたヴァン・クライバーンの名を冠したコンクール。チャイコフスキー・コンクールに対抗して立ち上げられたという側面もある。4年に一度に開催される。

主な入賞者は1989年・1位のアルクセイ・スルタノフ（1969年、タシケント生まれ）、2005年・1位のアレクサンダー・コブリン、そして2009年の辻井伸行の優勝が記憶に新しい。

アルトゥール・ルービンシュタイン国際ピアノ・コンクール

1974年からルービンシュタインを名誉会長としてイスラエルのテル・アヴィヴでスタート。3年ごとに開催されている。課題曲の指定はなく、本選は協奏曲の他に室内楽が課題になっている。

主な入賞者は、1974年・1位のエマニュエル・アックス（1949年、リヴォフ生まれ）、1977年・1位のゲルハルト・オピッツ（1953年、フラウエナウ生まれ）、2005年・1位のアレクサンダー・ガヴリリュク（1984年、ハリコフ生まれ）、2011年・1位のダニール・トリフォノフ、同年・2位のボリス・ギルトブルグ。同じ年、6位に入った福間洸太朗（1982年、東京生まれ）は「イスラエル・フィルと共演したいと思い」このコンクールを受けたと語っていた。

浜松国際ピアノコンクール

1991年にスタート。3年ごとに開催されている。本コンクールとは別に浜松国際ピアノ・アカデミーでも優勝者を出していた。

主な入賞者は、2000年・1位のアレクサンダー・ガヴリリュク、同年2位に上原彩子、2003年・2位のアレクサンダー・コブリンとラファウ・ブレハッチ（1985年、ナクウォ・ナデ・ノテション生まれ）、2006年・3位の北村朋幹、2009年・1位のチョ・ソンジン、2018年・2位に牛田智大がいる。2012年の浜松国際ピアノ・アカデミーで牛田智大、2016年には藤田真央が優勝している。

このほか、様々な国際コンクールがある。

内田光子が制したベートーヴェン国際ピアノ・コンクール（ウィーン）、藤田真央が制したクララ・ハスキル・ピアノ・コンクール（ヴェヴェイ・モントリュー）、イーヴォ・ポゴレリチが制したモントリオール国際音楽コンクール、福間洸太朗が制したクリーヴランド国際ピアノ・コンクールなど枚挙にいとまがない。

こうして、明日のアルゲリッチやポリーニを夢見ながら、世界中の若きピアニストが現地へ旅立つ準備をしている。

ワインの熟成を待つ空気感とインターネット

ヨーロッパの地方都市（例えばライプツィヒやチューリッヒ）に行くと、古いオペラハウスがあり、創立100年なんていうオーケストラがあり、大学があり、その大学の先生やら、医者やら、弁護士やら、銀行家やらという比較的教養の高い人々を中心にそのオペラハウスやオーケストラをシーズン・チケット購入などの面で支えている。政治でいえばプロ市民みたいだ。

こうした煩型《うるさがた》はミラノで評判のあのソプラノが来るとか、ウィーンやロンドンで評判のピアニストが来るとなると、どれどれといって見に行く。今度、マーサなんとかってのが来るよ、と。ワルシャワで1位を取ったらしいよと。

そして、アルゲリッチのコンチェルトを聴いて、うーん、リパッティの方がよかったな、なんてことを言うのだ。

ヨーロッパで認められるということはそういうことで、コンクールに入賞した、というのは最近のアクティヴィティのひとつに過ぎない。きちんと生で演奏を聴いて、それも何度か聴いて、このピアニストはよくなってきたね、などと言う。それはワインの熟成を待つ空気感である。

日本でもオペラハウスはないものの（東京オペラシティ?）、金沢や水戸など旧制高校のあった地方都市にはいいオーケストラがあって、質の良い聴衆がいて、独自のクラシック音楽文化を熟成させている。『セイジ・オザワ松本フェスティバル』の松本、『別府アルゲリッチ音楽祭』の別府、『パシフィック・ミュージック・フェスティバル札幌』の札幌といった音楽祭がある地方都市もしかり。

ヨーロッパに話を戻すと、ミュンヘンやジュネーヴといった大都市にも古いオペラハウスやオーケストラはもとより、大都市は経済的なアドバンテージなどからコンクールがあるのだ。

コンクールは世界から才能ある若きピアニストが集まり、腕を競う場である。そこにはレコード会社、メディア、コンサートを運営するマネージャー、楽器メーカーなどが集まり、新しい才能に注目する。もちろん、耳の肥えた地元の聴衆の存在も大きい。とりわけ、ショパン・コンクールなどはもうひとりの審査員といわれている、ワルシャワの聴衆を味方につけるかどうかが良い成績の鍵になるくらいだ。

大きなコンクールになるとコンテスタントの中には入賞することが目的ではなく、自分の個性の発露を目的としている人もいる。すなわち自分らしい演奏をして、誰かピンと来る人(レコード会社かマネジメント会社のスカウトマンなど)はいないだろうかと。

このように、ワインの熟成をじっくり待つようにヨーロッパでは時間をかけて(街ぐるみで)音楽家を育むのだ。

さて、これから元も子もない話をします――。

とはいうものの、21世紀に入ってインターネットが普及し、情報の伝達速度が飛躍的に速くなった。情報社会インフラが劇的に変化したのだ。

具体的にいうと、ショパン・コンクールやチャイコフスキー・コンクールの模様がインターネットで生中継されるようになったのだ。スマートフォンもいよいよ5Gの時代を迎え、ストレスなく動画を見ることができるようになった。世界中のピアノ科の学生がフライドポテトを食べながらショパン・コンクールの予選をスマホで見る。「この人ミスタッチ多いね」などと言いながら。弾き終えたばかりなのにSNSで様々なことを書き込まれるコンテスタントも大変だ。ピアノのスキルのほかに、メンタルの面も鍛えておかなければコンクールも勝ち抜けない。

そういえば昔、ヴァイオリニストの原田幸一郎（神尾真由子ら多くの弟子を持つ）にクラシックの演奏家に必要な資質を訊いたとき、「少しぬけていた方がいい」と言っていたのを思い出す。「いちいち細かいことを気にしていたらプレッシャーに押し潰される」のだと。一方で、「演奏には細心の注意を払う集中力も必要」だと。

話を戻すと、若者を中心にして定額聴き放題（サブスクリプション）サービスで音楽を聴くことがスタンダードになり、ＣＤを買う人もめっきり少なくなった。音楽なんてYouTubeで聴くからいいやという層も一定数いる。

その一方で、音質も飛躍的に良くなった。レコード会社とは名ばかりで、レコード→Ｃ

D→ハイレゾと記録媒体もどんどん変化している。「ハイレゾ」(High-Resolution Audio)というのはCDを圧倒的に上回る情報量を誇る高音質の音源。これを聴くためには、ソニーが開発したSACD、DVD-Audio、Blu-ray-Audioといったディスクを買うか、オンキョーの「e-onkyo music」やソニーの「mora」といったハイレゾ配信サイトから音源をダウンロードする必要がある。もちろん専用の再生装置が必要だ。

とりわけクラシック音楽のファンに人気が高く、20世紀の名盤や新譜でも「ハイレゾ」音源がリリース/配信されている。少し高価だが。

音楽を聴く環境はサブスクリプションを利用しスマホで聴く若者層と、ハイレゾでがっつり高音質の音楽を楽しむマニア層に二極化されている。

ま、こんなふうにインターネットを通して世界中の演奏会を見聴きしたり、注目の演奏家の新譜を(とびっきりの高音質で)チェックできるなど世界中どこにいても同じような音楽体験ができるようになってきている。これはワインの熟成どころではなく、一斉に出荷されたボジョレー・ヌーヴォーを世界中で同時に飲むような状況である。

アメリカはコンクール・ウィナーを必要としない

アメリカはヨーロッパに匹敵するひとつの大きなマーケットを形成していて、そこでは独自のスター・システムが機能していた。
例えばカーネギー・ホールでのトピックがニューヨーク発で全米に流れる。

ホロヴィッツの鍵盤から炎が立ち上った！

これは1928年のアメリカ・デビュー演奏会でのこと。サー・トーマス・ビーチャムの指揮でチャイコフスキー《ピアノ協奏曲第1番》を演奏していたホロヴィッツはテンポが遅すぎると判断し、演奏途中でどんどんテンポを上げ、オーケストラをコントロールした。その模様を翌日のニューヨーク・タイムズが報じた。その見出しである。
こんなのもある。

14歳の少女がヴァイオリン3挺でタングルウッドを席巻！

これは、1986年、タングルウッド音楽祭でヴァイオリニストの五嶋みどりがボストン交響楽団と共演した時、ヴァイオリンの弦を二度も切りながらバーンスタインの《セレナード》を弾き切った時の見出しだ（翌日のニューヨーク・タイムズ）。それも、コンサートマスターのストラッド（2挺目）と副コンサートマスターのガダニーニ（3挺目）をいきなり本番で弾いてのこと。

それから全米テレビネットワーク。『エド・サリヴァン・ショー』で車椅子の青年イツァク・パールマン（1945年、テル・アヴィヴ生まれ）がヴァイオリンを弾いた。この姿が全米で感動を呼び、彼は一夜にしてスターになった。1959年のことだ。

パールマンはその後、1963年にカーネギー・ホールでデビューし、翌1964年にレーヴェントリット国際コンクールで優勝するものの、これはダメ押しみたいなものでこの時点で彼はすでにスターになっていた。

それから、代役でスターになるケースもある。

1943年、病気で急遽《きゅうきょ》舞台に立てなくなったブルーノ・ワルター（1876年、ベルリン生まれ）に代わって指揮台に立ったレナード・バーンスタインの演奏が全米にラジオ中継され、一躍スターになった。

2007年、シャルル・デュトワ&ボストン交響楽団の演奏会でアルゲリッチの代役としてユジャ・ワンがチャイコフスキー《ピアノ協奏曲第1番》を弾いて大成功を収めた。それから2年後、カーティス音楽院を卒業してドイツ・グラモフォンと専属契約を結んだ。

最近でいうと、2019年にもマレイ・ペライアのカーネギー・ホールでのリサイタルが急遽キャンセルになり、辻井伸行が抜擢された。そしてニューヨークの聴衆を魅了した。

2008年には、バーゼルの音楽祭でマレイ・ペライア（!）の代役で弾いたアリス=紗良・オット（1988年、ミュンヘン生まれ）がスタンディング・オベーションを受け、ドイツ・グラモフォンとの契約に至ったこともある。そう、誰それの代役が一躍脚光を浴びるというのもいかにもアメリカの聴衆が好みそうなエピソードだが、もちろんヨーロッパでも同じようなエピソードでスターになるケースがあるのだ。

こうして一夜にして登場したスター演奏家は、NBCやABCなどのネットワークを通じて全米の家庭のリビングルームのテレビで放映される。かつては、アルトゥーロ・トスカニーニがNBC交響楽団を振って様々なクラシック音楽の名曲を電波に乗せた。これをラジオで聴きながら夕食を取るというスタイルが確立されたのだ。あるいは、ヘルベルト・フォン・カラヤンの端正な姿がジャケットになっているレコード・コレクションの中からお気に入りの1枚を選んでお茶を飲むのかもしれない。

ヨーロッパに比べればクラシック音楽後進国ではあるものの、全米各地には良いオーケストラがあって、そうしたスター演奏家を受け入れる環境は整っていた。戦前、ナチのホロコーストを逃れてアメリカにやってきた腕利きの奏者が全米のオーケストラの基礎を作ったのだ。これに、ブルーノ・ワルター（ニューヨーク・フィル）、サー・ゲオルグ・ショルティ（シカゴ交響楽団）、ユージン・オーマンディ（フィラデルフィア管弦楽団）、フリッツ・ライナー（シカゴ交響楽団）、セルゲイ・クーセヴィツキー（ボストン交響楽団）、ジョージ・セル（クリーヴランド管弦楽団）といったユダヤ系の指揮者がそれぞれのオーケストラを短期間で鍛え上げた。

もちろん、ヨーロッパから鳴り物入りでスター演奏家が来れば、全米の聴衆はこぞって足を運ぶ。何しろアメリカ一国でヨーロッパに匹敵するほど規模が大きいのだから、演奏家側もマーケットとしてのアメリカは無視できない。

ポリーニ夫人がミラノでの住宅事情の話をする時にこう語っていた。

「私はアパートの古い隣人との喧嘩をよく覚えています。彼らは私の夫がカーネギー・ホールでパフォーマンスをしたことなんててんで気にしてませんでしたね」

ポリーニでさえもカーネギー・ホールで弾くことはそれなりに重要なことなのだ。

アメリカと同じくクラシック音楽後進国の日本も、似たような状況にある。N響が演奏した名曲の数々をテレビやラジオを通して日本列島にマスで発信する（序章で書いた）。

各地にいいオーケストラもある。サントリーホールや東京オペラシティもある。音楽祭もある。スター演奏家が来れば日本中を回る。世界に影響力を持つ楽器メーカーがあり、そのお膝元で開催されるピアノ・コンクールには、世界中から才能ある若者が訪れるようになった。

ただ、日本はコンクール・ウィナーをすぐ神輿《みこし》の上に乗せる。クラシック音楽のコンクールに限らず、バレエやスポーツ分野においても。そこはアメリカと少し違うのかもしれない。

話を戻すと、このようにアメリカのクラシック楽界はユダヤ人が作り上げたといっていい。ハード面（放送局、レコード会社、コンサートホールなど）、ソフト面（スター演奏家、オーケストラなど）それぞれに。

アメリカでは最初からクラシック音楽とて様々あるコンテンツ（商品といってもいい）のひとつだと考えているのだ。できるだけコストをかけず完パケにして出荷する。それはクラシック音楽はヨーロッパ由来の大切な文化のひとつだと考え、じっくりとワインの熟成を待つように音楽家を育てるヨーロッパの空気感とは異なる。

そして、アメリカはインターネットを生んだ国。インターネットとの親和性も高く、世界中の演奏会を見聞きしたり、注目の演奏家をチェックするなど大いに活用している。インターネットによって世界中どこにいても同じような音楽体験ができるようになってきているのはヨーロッパも同じ。

つまりはアメリカとヨーロッパのボーダーレス化も進んでいるということだ。


アルゲリッチとポリーニがショパン・コンクールを変えた

ときは1920年代。

ポーランドが生んだ偉大な作曲家フレデリック・ショパン。「ピアノの詩人」と謳《うた》われるこの作曲家は世界中で人気が高く、多くのピアニストがそのレパートリーに加えている。サロンや演奏会でも人気が高い。

しかしながら昨今、ショパンの楽曲を我流に弾く輩《やから》が増えてきている。勝手にテンポを揺らし、左手と右手を微妙にずらし、スコアにない音を加えたりしている。けしからんことだ――。

こうした理由からショパンの音楽を正しく継承するべく「フレデリック・ショパン国際ピアノ・コンクール」がショパン高等音楽院のイエジ・ジュラヴレフ教授によって設立された。1927年のことだ。

こうして審査対象となるのがショパンの楽曲のみというユニークなコンクールがスタートするわけだが、ショパンにはエキエル版、ヘンレ原典版、パデレフスキ版、コルトー版、ウィーン原典版、ペータース原典版、ブライトコプフ版とスコアの版がたくさんある。現在ではコンテスタントはショパン・コンクールが推奨するエキエル版（ポーランドの国家プロジェクトで編集されたスコア）をわざわざ入手したりする程度で、パデレフスキ版が一般的だ。

ただ、戦前はショパンの楽曲に勝手にテンポを揺らし、左手と右手を微妙にずらし、スコアにない音を加えたりしているピアニストが多かった。その代表選手アルフレッド・コルトーは「娼婦のようなピアノ」と揶揄《やゆ》されたりしていた。それから、レオポルト・ゴドフスキー（1870年、ソズウィ生まれ）は《ショパンの練習曲に基づく53の練習曲》という超難解な作品群を残している。バリエーション（変奏曲）として再評価されたのは近年のことだけれど……。

はてさて、どれが正しいショパン演奏なのか――。

当然、コンクールに参加するピアニストには、勝手にテンポを揺らしたり、スコアにない音を加えたりという自由な演奏をする「19世紀的ヴィルトゥオーゾ」属性ピアニストと、ショパン由来のスコアを演奏するべきだという「スコア重視」属性ピアニストが共存する。審査員にも両者がいるのでややこしいことになる。

戦後、スコアに忠実に演奏するべきだとする「ノイエ・ザッハリヒカイト〜新即物主義」が台頭してきて、基本的にコンクールの場合は自由な演奏をするときちんと評価されない（審査員に嫌われる）傾向にある。「スコア重視」属性ピアニストがやや有利ということか。

例えば、1949年のショパン・コンクールでパウル・バドゥラ＝スコダ（1927年、ウィーン生まれ）が「自由な演奏がショパンらしくない（ショパンをリストみたいに弾いている）」という理由で第2次審査で落とされた。フリードリヒ・グルダ（アルゲリッチが最初に恋をしたピアニスト）、イェルク・デムス（彼のシューマンで私が涙した話は書いた）とともに「ウィーン三羽烏」と称された、あのバドゥラ＝スコダだ。

そうした中、1960年に颯爽と登場した18歳のマウリツィオ・ポリーニはスコアにある楽音をほぼ完璧に演奏し、ぶっちぎりの優勝を果たした。ほらこう弾けばいいんでしょとばかりに。彼の登場は、ショパン・コンクールの優勝者はスコアをきちんと弾けないといけない、というスタンダードを作った。

そう思うまもなく、5年後に優勝した23歳のマルタ・アルゲリッチはスコアをきちんと弾くだけでなく、観客にショパンの音楽からロマンティシズムの匂いを立ち上らせるパフォーマンスをして聴衆を魅了してみせた。「本当はもっと上手に弾けたのに」と言いながら。

ポリーニが高くしたハードルを、アルゲリッチは（涼しい顔をして）さらに高くしたのだ。

アルゲリッチとポリーニがショパン・コンクールをきっかけにして大化けしたのと同様に、ショパン・コンクールも「ショパンの楽曲だけで競われるローカルなコンクールのひとつ」ではなく、世界中のピアニストが最も重要と考えるピアノ・コンクールになったのだ。

こうして、ワルシャワはピアニストの聖地になった——。

アルゲリッチとポリーニの登場以降、本格的な「コンクールの時代」がやって来た。そして、若いピアニストはまずワルシャワのことを頭に浮かべることになる。

1975年には、別の意味でワルシャワが求めていたピアニストが1位に輝いた。

クリスティアン・ツィメルマン（1956年、ザブジェ生まれ）である。ショパンの母国出身のショパニスト。原点回帰。アルゲリッチもポリーニもショパンを重要なレパートリーに考えてはいるが、実はショパニストではなかったのだ。やはりショパン・コンクール・ウィナーはショパンの継承者でなければ……という熱狂。

ちなみに1970年のショパン・コンクールの1位はギャリック・オールソン（1948年、ニューヨーク生まれ）。そう、ギャリック・オールソン。この190センチの長身アメリカ人はEMIからレコードを出しているが、その後はマイナー・レーベルからレコードを出すというショパン・コンクール・ウィナーにしては地味なキャリアに落ち着いてしまった。

注目すべきは2位に入った内田光子。彼女はその後ヨーロッパで地道に演奏活動を続け、ロンドンでのモーツァルト・ティクルスが評価されフィリップスと契約。それからシューベルト、ベートーヴェンとドイツ・オーストリアの作曲家をじっくりと弾き続けて今やヨーロッパの重要なピアニストのひとりになっている。日本人ながら「じっくり熟成を待つヨーロッパの空気感」の中でとんでもないピアニストになったケースだ。

このように中央ヨーロッパの作曲家をレパートリーの中心に置いているピアニストなのだけれど、ミュンヘン国際音楽コンクール3位、ベートーヴェン国際ピアノ・コンクール1位、リーズ国際ピアノ・コンクール2位、レーヴェントリット国際コンクール2位と主だったコンクールで上位入賞を果たしている。内田にとってショパンは少し異質なレパートリーではあるが、やはりワルシャワは無視できなかったようだ。

一方でショパン・コンクールには別の側面がある。

地政学的にはポーランドは旧ソ連の隣国。旧ソ連が西を向いた時に最初に目に入るのがポーランドだ。そこそこの面積（31万2700平方キロメートル）があり、西側の国境はドイツと接している。国境を越えてしまえばベルリンまで100キロを切る距離だ。そして旧ソ連と同じイデオロギーの政府がかつてはあった。東側陣営ということだ。

まずは、ポーランドを足がかりにして西側陣営への睨みを利かせよう——という考えから、しばしば旧ソ連（あるいはロシア）から侵攻された苦い歴史を持つ。

つまりは、ショパン・コンクールもチャイコフスキー・コンクール同様に旧ソ連のプロパガンダのツールとして機能していた時期もあったということだ。それはポゴレリチの証言でも明らかだ（第2章の「ワルシャワのポゴレリチ事件」を参照）。

こうした意味合いから、第1回ショパン・コンクールは旧ソ連のレフ・オボーリン（1907年、モスクワ生まれ）が優勝を飾った。この年、のちに作曲家になるドミトリー・ショスタコーヴィチ（1906年、サンクトペテルブルク生まれ）もエントリーしていたが、体調不良による成績不振に終わった。

1980年にはポゴレリチ事件があり、1985年にはスタニスラフ・ブーニンが1位になっている。特に日本でフィーバーを巻き起こしたブーニンだが、彼は旧ソ連のピアノの師ゲンリヒ・ネイガウスの孫。祖父がリヒテルやギトリスの師匠であり、ブーニンをショパン・コンクールで1位にしなければネイガウス先生に恥をかかせると思った輩がいたかもしれない。

1989年にベルリンの壁が崩壊し、旧ソ連が消滅するとショパン・コンクールも重心を失ったヘリコプターのように迷走する。そう、1990年、1995年ともに1位がいない大会になったのだ。

1990年はケヴィン・ケナー（1963年、コロネード生まれ）が2位になった。彼は同年のチャイコフスキー・コンクールで3位に入っている上、ワルシャワでは聴衆賞とポロネーズ賞も獲得している。下馬評では1位になるだろうという声が多かったが、ファイナルに進むにつれてコンディションが悪くなり、ピアノが歌わなくなったとか。

1995年に2位になったアルクセイ・スルタノフは、アルゲリッチともポリーニとも違うスケールの大きさを感じさせる魅力的なパフォーマンスでワルシャワの観客を魅了。これは1位は間違いないなと誰もが思う中での2位。1位なしの2位。

これは悪意か？　政治的な何かなのか？

そしてスルタノフは35歳の若さで亡くなり「早逝の天才」となった。

2000年になってやっとユンディ・リ（1982年、重慶生まれ）という名実ともにコンクール・ウィナーにふさわしい若者を得て、ショパン・コンクールはリスタートを切ったように見える。この時、15年ぶりにアルゲリッチが審査員として復活したことも無関係とはいえない。

ショパン・コンクールに出ない理由

ワルシャワがピアニストの聖地になったとはいえ、ショパン・コンクールなんて関係ないという顔をした若きスターが出現した。

エフゲニー・キーシン（1971年、モスクワ生まれ）である。

1984年、13歳でショパンの《ピアノ協奏曲第1番》《第2番》をモスクワ音楽院大ホールで弾いて大成功を収めた。このライヴ録音盤を聴いたアルゲリッチは心を揺さぶられたという。「こんな子供がどうすればあんなふうに愛や苦悩を何もかも理解することができるというのか」と。18歳になったキーシンがアルゲリッチのコンサートに行き演奏を終えたアルゲリッチにプログラムを差し出すと、彼女はそこにこう書いた。

あなたほど素晴らしい才能を本当に長らく聴いたことがありませんでした――。

1986年のチャイコフスキー国際コンクールのオープニング・セレモニーでラフマニノフやスクリャービンを弾き、「神童キーシン」の名は世界中を駆け巡った。

キーシンのケースはヨーロッパでは珍しいが、アメリカ型のスター・システム（アルゲリッチの代役でスターになったユジャ・ワンのように）でブレイクすると当然のことながらショパン・コンクールに出る必要はない。下位で入賞とか予選敗退しようもんならせっかくの人気に傷をつけかねない。

最近では3歳でロシアに渡り当地で神童と呼ばれ、モスクワ音楽院を主席で卒業し、18歳でドイツ・グラモフォンからCDデビューを果たした松田華音《かのん》（1996年、高松生まれ）の例もある。彼女もワルシャワとは無縁だ。

ここまではスター演奏家の話。

無名のピアノ科の学生にはショパン・コンクールはけっこう高いハードルで、日本なら日本音楽コンクールや日本クラシック音楽コンクールの全国大会で上位入賞をするレベルまで頑張る必要がある。海外のアカデミーへ留学してプルミエ・プリ（1等賞）を取り、そこを足掛かりにするといった作戦もあるが……。

技術的にそこそこのレベルに到達していても、ついている先生がショパン・コンクールに積極的ではないケースも意外に多い（そもそもコンクールがピアニストを壊すといって毛嫌いする教師もいるくらいだ）。その場合はショパン・コンクールにエントリーすること自体、難しくなる。

ショパン・コンクールを目指す環境に恵まれたとして、審査員のピアニストが行うマスタークラスに参加するなど、事前の準備も必要である。ただ、ガッツリ師事してしまうと「審査員は自分の生徒を評価できない」という規定に引っかかる。だから、レギュレーションぎりぎりに、例えば色々な審査員の短いマスタークラスをはしごする、なんてコンテスタントもいると聞く。

これはクラシック音楽の世界では普通のことで、日本でも音大のピアノ科を目指す高校生は、夏休みなどを利用して目指す音大の先生が開く夏季講習などに参加して顔を覚えてもらうのだ。

クラシックの演奏家は直近のアクティビティも大事だが、それまでの経歴がとても重要視される。誰に師事したのか、どこの音楽院を卒業したのか、そしてどのコンクールで入賞したか。さらには、どのオーケストラと共演したか。どこからCDを出したか。

つまりはどのようなメソッドで研鑽を積んだのか、そして入賞歴でスキルの高さを推し量れるわけだが、経歴で誰それのマスタークラスに参加しました、という記述は書かれるか省かれるかの二つに分かれる。ビッグネームの名前を入れて箔をつけたい人はつけるし、普段から師事しているわけではないと考えあえて書かない人もいる。

余談だが何年か前、ゴーストライターを使ってクラシックの作曲家として売り出した人がいた。彼の著書には母親から徹底的にピアノのスキルを叩き込まれたと書いてあったが、母親が誰に師事したとか、どこのアカデミーで音楽を学んだかがまったく書かれていなかった。本人のプロフィールも含め、この人アヤシイナとは思っていたのだ（私の周囲もそう思っていた人は多かったし何やら奥歯に物が挟まったような物言いをした人もいた）。それほど、クラシックの音楽家にとって経歴は大事なのである。

話を戻す。

ショパン・コンクールに参加するとなると、とにかく大変なのだ。

まずは、事前審査。これには書類審査・ＤＶＤ審査がある。

日本人だと『ショパン国際ピアノ・コンクール in ASIA』に参加するという手もある。このコンクールは本大会に合わせて5年に1回『派遣コンクール』があり、優秀者には4月に行われる予備予選（Preliminary Round）への出場権が与えられる。このコンクールにはワルシャワのコンクールの審査員が多く参加するので本選で何が求められているのかなどの感触が分かる。

そして、4月にワルシャワで行われる予備予選。この段階からインターネットで生中継されるので、是非ご覧いただきたいが、まだ予備予選。

やはり、予選段階で落ちてしまうのも怖いという話も聞いた。ショパン演奏はベートーヴェンやモーツァルトに比べると、これが正解という演奏をするのが難しい作曲家なのである。スコア通り弾いても、ショパンの真髄に迫っていない、といわれてしまうこともある。

インターネットの反応も気になる。10月の本選まで遠い道のりだ。

それでも萩原麻未や北村朋幹がショパン・コンクールに出ていたらどうなっていたか——。

ショパン・コンクール2020

いよいよ2020年のショパン・コンクールの話です。

4月に予備予選があって、事前審査を通過したコンテスタント約80名が10月にワルシャワに集まる。
スケジュールは次のとおり。

10月2日　オープニング・コンサート
10月3～7日　第1次予選
10月9～12日　第2次予選
10月14～16日　第3次予選
10月17日　ショパン第171回目の生誕記念コンサート
10月18～20日　最終予選（ファイナル）
10月21日　優勝者コンサート
10月22日　第2位受賞者コンサート
10月23日　第3位受賞者コンサート

2002年には上原彩子がヤマハのグランドピアノを演奏してチャイコフスキー国際コン

クール・ピアノ部門で優勝した、と序章で書いたが、2010年のショパン・コンクールで優勝したアヴデーエワはヤマハのピアノをチョイスして優勝している。

あとは日本人優勝者を残すのみ、とピアノ関係者は思っている。

これまでの日本人入賞者をざっと挙げてみる。

1955年・10位（この大会は10位まで入賞者）の田中希代子、1965年・4位の中村紘子、1970年・2位の内田光子、1980年・5位の海老彰子、1985年・4位の小山実稚恵、1990年・3位の横山幸雄（1971年、東京生まれ）、1990年・5位の高橋多佳子（1964年、札幌生まれ）、1995年・5位の宮谷理香（1971年、石川生まれ）、2000年・6位の佐藤美香（1973年、大阪生まれ）、2005年・4位の山本貴志（1983年、長野生まれ）、2005年・4位の関本昌平（1985年、大阪生まれ）である。

お気づきのとおり、2005年を最後に日本人入賞者が出ていない。

2010年、「ショパン生誕200年」記念大会では日本人のファイナリストすら出なかった。この年から、1次予選〜3次予選で演奏に対する点数のほかに、次のステージにどのコンテスタントを進ませたいか、という質問に「YES／NO」で答えるという評価が加わったのだ。点数はいいんだけど、セミファイナルには相応《ふさわ》しくないね、と審査員が思ったら

「NO」を突きつけられてしまうのだ。逆に点数がちょっと悪くても、次のステージでもこのコンテスタントのピアノを聴きたい、と思わせれば「YES」。

つまりは日本人のコンテスタントには「審査員の心を揺り動かす何か」が足りなかった。それは、ポリーニばりに正確に弾いても「ああうまいんだけどね」で終わってしまう可能性をも残す。逆にポゴレリチやスルタノフには有利に働いていたかもしれないシステムだが、やはり諸刃の剣だ。自分に近いコンテスタントが技術的に概ね低い点数でも、ほかの審査員に「YES」をたくさんつけて貰えばいい。

こうしたシステムで行われた2015年は、小林愛実が日本人ひとりファイナルに残った。彼女は十代にしてCDデビューを果たしている。つまりは「この若者のCDを世に出して皆様に聴いてほしい」と制作側が思う「何か」を彼女は持っていたということだ。

この「何か」がショパン・コンクールの審査員に「YES」をつけさせる「何か」と同じものだとは限らないが、それすらない若きピアニストがショパン・コンクールを勝ち進むのは難しい。

そしてショパン・コンクールは浜松国際ピアノコンクールとの親和性が高く、浜松経由でワルシャワを目指すコンテスタントが増えている（チョ・ソンジンは両方で1位になっているし、ブレハッチは浜松で2位、ショパン・コンクール1位）。

浜松の勝者には優勝ツアーが用意されていて、日本国内の各地のオーケストラと共演できる。これは大きい。できるだけコンチェルトを弾いておきたい。なぜならショパン・コンクールのファイナルで、ワルシャワ国立フィルハーモニー管弦楽団とショパン《ピアノ協奏曲》を1曲弾かなければならないからだ。

実は、このファイナルでのパフォーマンスが最も重要。ブレハッチもアヴデーエワも予選の段階で「こいつすげーな感」が出ていた。このピアニストが優勝するかも、と思わせる何かである。それに加えて、ファイナルで最高のパフォーマンスを見せて初めてショパン・コンクールを制することができる。

ここでピアノのチョイスを変えて、つまりはより輝かしい音を求めてヤマハからスタインウェイに乗り換え、演奏中にコントロールを失ってしまうピアニストもいたと聞く。

そして、コンチェルトの《第1番》か《第2番》、どちらをチョイスするかもポイントである。

1995年はアレクセイ・スルタノフがファイナルで《第2番》を弾いて1位を逃した。《第2番》で1位を得たピアニストは1980年のダン・タイ・ソンまで遡らなければいけない。

そして、最終的に決めるのは審査員。生殺与奪権を握っているのは彼らだ。1934年のウィーン国際ピアノ・コンクールでディヌ・リパッティ（1971年、ブカレスト生まれ）が1位にならなかったことで審査員のアルフレッド・コルトーが審査員を辞任したり、1955年のショパン・コンクールでウラディーミル・アシュケナージが1位にならなかったことで審査員のミケランジェリが議事録へのサインを拒否するなど、もともと我の強いアーティストや音楽学者が審査をするのだから一筋縄ではいかない（アルゲリッチのポゴレリチ事件もある）。

審査員たちは自分がいいと思うコンテスタントには強いこだわりを持つ。裏を返せば、そうでないコンテスタントの優勝をそう易々と認めないということだ。

そうなると、そのハードルをクリアするスキルを持っている、大きなコンクールで上位入賞をしているコンテスタントが俄然有利だ。どうすれば、目の前にいる審査員の心を掴めるか、を知っているからだ。さらには、主な国際コンクールで2位までに入れば予備予選は免除になるという規定もある（例えばチャイコフスキー・コンクールで2位に入っていれば、10月からワルシャワに行けばいいのだ）。

ここまで書き進めて、私の中では2人の若者の顔が浮かんでいる。藤田真央と牛田智大である。

現時点で彼らがショパン・コンクールにエントリーするかは分からない。しかし、2人とも若いながらファイナルに進むだけの実力者だけに、彼らがエントリーしてくれれば間違いなくヤバイことになる。

アルゲリッチとポリーニの「名盤」20＋20

アルゲリッチとポリーニの芸術に触れる手段としては、

1　コンサートで生演奏に接する
2　演奏を収録した動画をＴＶやＤＶＤなどで視聴する
3　ＣＤやネット配信などで録音音源を聴く

という3種類がある。

3の「ＣＤやネット配信などで録音音源を聴く」のソースは、かつて世界中を席巻していたレコードがＣＤに代わり、今はネット配信が主流になったという流れだ。

ネット配信には好きなアルバムや曲を「ダウンロード」するサービスと、ストリーミングによる「定額聴き放題（サブスクリプション）」サービスがあり、特にスマホ世代を中心に爆発的に広まっているのが「定額聴き放題」サービスである。これにはクラシック専門の「ナクソス・ミュージック・ライブラリー」をはじめ、「Apple Music」「Google Play Music」など色々なサービスがあるが、私は比較的クラシックに強い「Amazon Music Unlimited」と「Spotify」を利用している。両者ともに「定額聴き放題」でアルゲリッチとポリーニのほとんどのアルバムが聴ける（Spotify には無料で聴けるタイトルもけっこうある）。ただ音質に関していうと、両者ともストリーミングのビットレート（一定時間に処理できる情報量を示す数字）が最高で３２０kbps 程度。通常のＣＤが約１４４０kbps（数字が高い方が高音質）だから、３２０kbps くらいだとスマホで聴くには充分な音質というところ。できるだけ高音質で聴きたい方はＣＤ、もしくはハイレゾ（ＣＤの約6・5倍の情報力を持つ高音質音源）をチョイスしたい。

２０１９年秋には「Amazon Music HD」というサービスがスタートし、ＣＤ音源やハイレゾ音源に相当する「ULTRA HD（Ultra High Definition）音源」を採用して高音質の「聴き放題」サービスを展開している。ついに、ストリーミング配信（聴き放題）でもハイレゾ音源が聴けてしまう時代に突入したのだ。

話をＣＤに戻す。極めつけはアルゲリッチ、ポリーニともに『ドイツ・グラモフォン録音全集』というＣＤ ＢＯＸが発売されている。ともに2万円前後。これらの他にも様々な種類のコンプリートＣＤが発売されているので、これをどんとお求めになれば主だった録音は聴けてしまう。

また、「名盤」と呼ばれているタイトルの多くにはハイレゾ音源が用意されていて、高音質にこだわるリスナーにも対応してくれている。

もちろん、CD（またはハイレゾ）にこだわることはありません。どの再生装置・デバイスでお聴きになってもいいと思う。今はそういう時代なのだ。

ともかく、ここではレコード時代から「名盤」と謳われているものを20タイトルずつ選び、解説を加えてみた。

ショパン《ピアノ協奏曲第2番》など同じピアニストで同じ曲がダブっている場合もあるが、ここは是非聴き比べてみてほしい。また、あれが入ってない、これが入るのはおかしい等々ご意見も色々あると思うが、そんなことを考えるのも「クラシック音楽の愉しみ」のひとつと考え、ご容赦願いたい。

レーベル一覧

DG　ドイツ・グラモフォン（発売元はユニバーサル・ミュージック）
WC　ワーナー・クラシックス（旧EMIも含む）
DECCA　デッカ（旧PHILIPSも含む／発売元はユニバーサル・ミュージック）
SONY　ソニー・クラシックス（旧RCAも含む）
KAJIMOTO　カジモト（旧・梶本音楽事務所）

なお、様々なメディアで聴かれている現状から、CD番号の表記は割愛しました。（　）内の年は録音年です。

マルタ・アルゲリッチの名盤20

デビュー・リサイタル

――マルタ・アルゲリッチ（ピアノ）（1960年、DG）

本文でも触れたが、ショパン・コンクールで優勝する5年も前に名門ドイツ・グラモフォンに録音されたデビュー・アルバム。

収録曲は、ショパン《スケルツォ第3番》、ブラームス《2つのラプソディ》、プロコフィエフ《トッカータ》、ラヴェル《水の戯れ》、ショパン《舟歌》、リスト《ハンガリー狂詩曲第6番》である。

「全部を通して3回弾きます。あとはそちらで選んでください！」とアルゲリッチは言った。合間にコーヒーをがぶがぶ飲み、煙草をパカパカ吸いながら。

このレコードを聴いてホロヴィッツが手紙を書いて寄越したことは本文でも書いた。聴講生たちが部屋でかけていた《水の戯れ》を、通りかかったミケランジェリが「僕のレコードかい?」と訊いたのもこのレコードである。

若さゆえの荒削りな音を必死で整えようとする制作者側(ドイツ・グラモフォン)。その手をくぐり抜けほとばしる、生命感に溢れた音。そうかと思えば、このピアノを弾いているのはどこの巨匠だ、と思えるくらいの太々しさ、そして老獪なフレージング。〝天才〟が端々から発露している名盤。

幻のショパン・レコーディング1965

――マルタ・アルゲリッチ(ピアノ)(1965年、WC)

ショパンの《ピアノ・ソナタ第3番》《マズルカ第36番》《第37番》《第38番》《夜想曲第4番》《スケルツォ第3番》《ポロネーズ第6番・英雄》などを収録。

ショパン・コンクール優勝の直後、アビーロード・スタジオで録音されたレコードである。ただ、当時アルゲリッチはドイツ・グラモフォンと専属契約を交わしていた。3枚のレコードを出さなければいけなかったのだ(その時点でまだデビュー・アルバム1枚しかリリースしていなかった）。それゆえこのアビーロード・スタジオでの録音はリリースすることができなかった。そして、ドイツ・グラモフォンはほぼ同じ曲をミュンヘンのスタジオで録音し直し、リリースした。

こうした大人の事情を経て、34年後やっとリリースされたのが本作。

当時からEMIは資金面で厳しい状況にあり、録音した素材はあまり加工せず、そのままリリースする傾向にあった（ライバルのドイツ・グラモフォンは音を整える技術に長《た》けていた）。

このアルバムもそうした状況下にあったおかげで、アルゲリッチの息遣いすら聞こえてきそうな、当時の彼女のピアニズムを丸ごと冷凍保存したような録音である。

ショパン《スケルツォ第3番》と《舟歌》はデビュー・アルバムでも弾いているが、特に《スケルツォ第3番》は圧巻。直前のショパン・コンクールでも披露して、観客を熱狂させた演奏が蘇るようだ。この録音もコーヒーをがぶ飲みしながら、だ。

「幻のレコーディング」として噂されていたこの音源を聴くと、当時の熱量、不機嫌さ、過剰を抱えているアルゲリッチの横顔が浮かんでくる。若い頃からすごいピアニストだった。

プロコフィエフ《ピアノ協奏曲第3番》、ラヴェル《ピアノ協奏曲》

――マルタ・アルゲリッチ（ピアノ）、クラウディオ・アバド指揮／ベルリン・フィルハーモニー管弦楽団（1967年、DG）

「シューマンは腹心の友。プロコフィエフとラヴェルは家族の一部」とアルゲリッチは言う。彼女はピアノを弾いているうちにその作曲家の息遣い、心の動きを捉え、共鳴してしまう。心の深い部分で。そうしたピアニストのバイブレーションをいかに理解できるかが、指揮者の力量なのだ。その点、クラウディオ・アバドとアルゲリッチの相性は抜群だ。アルゲリッチはアバドとは戦わない。素直に音楽と向き合っている。

プロコフィエフの《ピアノ・コンチェルト》は、スペクタクルかつ繊細。そして流麗。ベルリン・フィルも巧みだ。

ラヴェルの《ピアノ・コンチェルト》は一転して鮮やかでカラフルな世界。アルゼンチン人の女性ピアニスト、イタリア人指揮者、ドイツのオーケストラの組み合わせでこんなにもちゃんとフランスの音が出るのか。そうそう、アルゲリッチはデュトワ（フランス語圏で生まれたスイス人）とモントリオール交響楽団（こちらもフランス語圏）とのラヴェルもあるが、そちらと聴き比べてみるのも面白い。オケの力量!? 指揮者のスキル!? がよく分かる。
ともかく、本作はきらめきと閃《ひらめ》きに溢れた名盤。

バルトーク《2台のピアノと打楽器のためのソナタ》ほか

――マルタ・アルゲリッチ（ピアノ）、スティーヴン・コヴァセヴィチ（ピアノ）ほか（1977年、DECCA）

アルゲリッチの永遠のパートナー、スティーヴン・コヴァセヴィチ。つかず離れずの関係を保つ2人だが（実は）一度も結婚はしていない。そんな2人が若い頃ピアノ・デュオで録音したアルバム。

《2台のピアノと打楽器のためのソナタ》は、時に打楽器が激しく打ち鳴らされ、2人もピアノを打楽器のように打鍵してリズミカルなアプローチを展開。友よ、これがバルトークだ。ただ、2人とも楽しんで演奏してる、という空気が伝わる。私たちがバルトークをやっつけてやるわよ、という気概。2人の才気溢れる若きピアニストの残した軌跡。

本作は《2台のピアノと打楽器のためのソナタ》に加え、ドビュッシー《白と黒で》、モーツァルト《4手のためのアンダンテと5つの変奏曲》も収録。ちょっとおすまし顔のモーツァルトと、鮮やかで華やかなドビュッシー。

CDで手に入れるのはやや難しいので、できればネット配信でどうぞ。

ラヴェル《夜のガスパール》《ソナチネ》《高雅で感傷的なワルツ》
――マルタ・アルゲリッチ（ピアノ）（1974年、DG）

アルゲリッチがソロを弾くと聞くと、多くのファンが「ガスパールか戦争ソナタやってくれないかな」と思うくらい《夜のガスパール》はアルゲリッチの得意曲。

このアルバムについて、ドキュメンタリー・フィルム『アルゲリッチ　私こそ、音楽！』の中でアルゲリッチ自身が「妊婦（house wife）のピアノね」と語っていた。録音時、ステファニーがお腹の中にいたのだ。「いちばん売れたレコードなんだけど深みがない」とご本人。まだまだうまく弾けたのにという意味のようだが、いやいやマルタさん、名盤です。様々な色に変化する豊かな音色、生き生きとした躍動感、自在なリズム造形、天才のピアノです。ラヴェルはドビュッシーのようにセンスとスキルだけで弾き切れる作曲家ではなく、フォルムを意識して弾かないと薄っぺらいだけになる。アルゲリッチのピアノは七色に変化しながら、ちゃんと楽曲に命を吹き込んでいる。

この頃のアルゲリッチは、黒い衣装を身にまとった天才ピアニストのイメージ。そして〝キャンセル魔〟。これに悪魔的な《夜のガスパール》の曲の雰囲気が重なって、彼女の〝カリスマ性〟が定着するきっかけとなったアルバムだ。

シューマン《子供の情景》《クライスレリアーナ》

――マルタ・アルゲリッチ（ピアノ）（1983年、DG）

「直《じか》に何かを感じるのはシューマンね。私の心の奥に直に触れてくる感情。魂の動き」ドキュメンタリー・フィルム『アルゲリッチ　私こそ、音楽！』の中でアルゲリッチがそう語っていた。それも「すごく自然に突然現れる」と。

このアルバムが録音された80年代、アルゲリッチの音は輝いていた。タッチも強靭だ。でもこのアルバムではとびきり優しく、人の営みを慈しむように弾いている。

ロベルト・シューマンは、クララとの結婚を彼女の父親に反対されていた。猛烈な反対だった。シューマンの思いは募った。「私には子供のようなところがあるの」というクララの言葉から《子供の情景》は生まれた。私が東京オペラシティで聴いた第1曲《見知らぬ国と人々について》はとびきり優しかった。

1997年に悪性黒色腫の手術に成功してから、彼女が戦う相手はいなくなったのだ。ロベルト・シューマンは晩年、心のバランスを崩し、ライン河に飛び込んだ。46歳だった。そして、アルゲリッチはシューマンが見ることのできなかった風景を見ている。

ラフマニノフ《2台のピアノのための組曲第1番》《第2番》

――マルタ・アルゲリッチ（ピアノ）、アレクサンドル・ラビノヴィチ（ピアノ）（1991年、WC）

恋人同士だった時期に2人が録音したピアノ・デュオは、ブラームス《2台のピアノのための作品集》、モーツァルト《2台と四手のためのピアノ作品集》、『魔法使いの弟子〜スーパー・ピアノ・デュオ』、そして本作。

ラビノヴィチのおかげでテルデック（現ワーナー・クラシックス）はアルゲリッチの名前と写真をレコードジャケットに刷り込むことができたわけだ。

ラフマニノフ。ひたすら匂い立つロシアのロマンティシズム。美しいピアノの響き。美しいだけではなく、静かに悲しい。冷たい月の光のようだ。何を共有しているのだ、この2人は。

2つの組曲のほかに《交響的舞曲》も収録。こちらはダイナミックレンジの広さを利用して、分厚いテクスチュアを表現している。ピアノ・デュオとしても一級品の2人だが、前出の数枚のアルバムをリリースした後は、ラビノヴィチは指揮者・作曲家のキャリアを中心に歩み始めた。アルゲリッチとは指揮者とソリストとして数枚のアルバムをテルデックからリリースしている。

ショパン《24の前奏曲集》

――マルタ・アルゲリッチ（ピアノ）（1977年、DG）

ポリーニのエチュード（練習曲集）と並び称せられるアルゲリッチのプレリュード（前奏曲集）。メカニカルな注文満載のエチュードに対し、プレリュードはメカニカルなハードルの高さに加えて創造性も問われる。君はこのスコアをどう弾くの？　と。

アルゲリッチのプレリュードには強いパッションと打鍵、猫のようなしなやかさが同居してる。輝かしい音と美しい弱音。ダイナミックレンジの広い演奏。この頃のアルゲリッチのパフォーマンスは推進力に満ちている。

24の調に対応して作曲された《24の前奏曲》に加え《3つのマズルカ》《英雄ポロネーズ》などが併録されている本作のほかに、後に書かれた《ニ短調前奏曲》と遺作の《変イ長調前奏曲》を加えて《26の前奏曲》というアルバムのほか数種類の音源があるが、いずれか手に入れやすいタイトルを入手されるといい。

フランク＆ドビュッシー《ヴァイオリン・ソナタ集》

——イヴリー・ギトリス（ヴァイオリン）、マルタ・アルゲリッチ（ピアノ）（1977年、SONY）

21世紀の現在にあって〝19世紀ヴィルトゥオーゾ〟の空気を纏《まと》っているのは、ユダヤ人ヴァイオリニストのイヴリー・ギトリスひとりだろう。ある時は18世紀のロマのヴァイオリン弾き、あるいは20世紀のパリのメトロでバッハの「シャコンヌ」を弾く孤高のヴァイオリニスト（あくまでイメージですよ）。ギトリスは様々な顔と音を持っている。ひとつひとつ取り出してみせてはニヤリと笑う。怪しく愛嬌のある老ヴァイオリニスト。

そして、妖艶で絡みつくようなフランクの音楽世界。老獪なヴィルトゥオーゾと相対するアルゲリッチが、借りてきた猫のようにしおらしくピアノを弾いているのがおかしい。1977年。じゃじゃ馬と呼ばれていた彼女が、ギトリスに寄り添っている。

1998年、99年の別府アルゲリッチ音楽祭でこの2人が共演した際のライブ音源が『別府アルゲリッチ音楽祭ライヴ　奇蹟のライヴ』としてリリースされているので、こちらも是非。本作と同じフランクの《ヴァイオリン・ソナタ》とベートーヴェンの《クロイツェル・ソナタ》を収録。映画『サンサーラ』（ジークフリート監督）に2人のライヴ映像もあるのでアルゲリッチの大人の猫っぷりを見てほしい。

シューマン《ピアノ協奏曲》、ショパン《ピアノ協奏曲第2番》

——マルタ・アルゲリッチ（ピアノ）、ムスティスラフ・ロストロポーヴィチ指揮／ワシントン・ナショナル交響楽団（1978年、DG）

ワシントンのジョン・F・ケネディ・センターにおける録音。当時ロストロポーヴィチはこのオーケストラのシェフに就任したばかりだが、オーケストラの響きがいい。そして、ロストロの指揮は呼吸が深い（マゼールかメータのようだ）。マルタ、好きに歌いなさい、というようなロストロのバトンでアルゲリッチも自由奔放に歌っているが、どこかお澄まし顔の演奏である。

シューマンのコンチェルトは、チェリビダッケ&フランス国立放送管盤やアーノンクール&ヨーロッパ室内管盤などがあるが、ロマン派の香り、懐の深さともに本作（ロストロポーヴィチ盤）がいちばんだろう。

ショパンのコンチェルトは《第1番》ばかりが注目されているが、詩情溢れる《第2番》も味わい深い。デュトワ&モントリオール管盤との聴き比べも面白い。

コンセルトヘボウ・ライヴ1978&1979

――マルタ・アルゲリッチ（ピアノ）（1978年、79年、WC）

アルゲリッチはその時々で様々な表情を見せる。彼女の心の裡（例えばエモーション、パッション、インテリジェンス……）がそのままピアノに表れるのだ。

舞台へ続く階段をスタスタと下りてきた彼女は、ピアノの前に座るなりいきなりバッハを弾き出したという（ロイヤル・コンセルトヘボウの楽屋口は舞台後方の階段の上にある）。

そして、アムステルダムでのアルゲリッチは、何か大きなものとひとりで戦っているようだった。何と戦っている?!

本文にも書いたが、バッハの《パルティータ第2番》は神の存在を信じない人のバッハ。ショパンの《スケルツォ第3番》は誰にも弾けない激しいショパン。ショパン・コンクールでも、デビュー・アルバムでも弾いた曲だ。溢れ出す感情のマグマ。うん、戦っている。プロコフィエフの《戦争ソナタ》は底意地悪く、慈悲深い。

「コンチェルト」を集めた『コンセルトヘボウ・ライヴ』もあって、こちらはモーツァルト《ピアノ協奏曲第25番》とベートーヴェン《ピアノ協奏曲第1番》が収録されている。モーツァルトはシモン・ゴールドベルク＆オランダ室内管、ベートーヴェンはハインツ・ワルベルク＆ロイヤル・コンセルトヘボウ管との共演。

バッハ《ハ短調トッカータ》《パルティータ第2番》《イギリス組曲第2番》
——マルタ・アルゲリッチ（ピアノ）（1979年、DG）

アルゲリッチは、バッハでも好きな作品しか弾かない。「平均律」を全部弾く気なんてさらさらない。でも、我々はそれで全然構わない。それがアルゲリッチなのだから。このアルバムはそんな彼女のバッハ作品集。

《ハ短調トッカータ》の疾走感と弱音の儚《はかな》い響き。《パルティータ第2番》はリサイタルでよく弾いていた彼女の十八番《おはこ》だ。《イギリス組曲第2番》は特にいい。私は少しきつい状況になるとこのアルバム、とりわけ《イギリス組曲第2番》をよく聴く。アルゲリッチのバッハはささくれ立った心に渓流の水のように流れる。清く、潔く。デトックス？　あるいは癒し？

東京オペラシティで《イギリス組曲第3番》の「ガヴォット」を聴いたことは本文でも書いた。この曲はまだＣＤ化されていないので、宝物のように記憶に留めておくことにする。

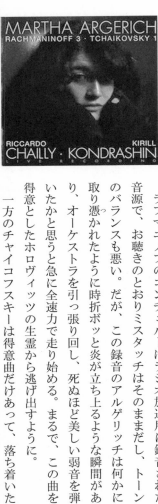

チャイコフスキー《ピアノ協奏曲第1番》、ラフマニノフ《ピアノ協奏曲第3番》

――マルタ・アルゲリッチ（ピアノ）、リッカルド・シャイー指揮／ベルリン放送交響楽団、キリル・コンドラシン指揮／バイエルン放送交響楽団（1980年、82年、DECCA）

若き日のアルゲリッチなら、とにかくライヴ録音がいい。ソロかコンチェルトのアルゲリッチは、親の仇と戦っているようなピアノを弾く。私はこんなところでピアノなんか弾きたくないの、と叫んでいるように弾く。

ラフマニノフのコンチェルトはラジオ放送用に録音された音源で、お聴きのとおりミスタッチはそのままだし、トーンのバランスも悪い。だが、この録音のアルゲリッチは何かに取り憑《つ》かれたように時折ボッと炎が立ち上るような瞬間があり、オーケストラを引っ張り回し、死ぬほど美しい弱音を弾いたかと思うと急に全速力で走り始める。まるで、この曲を得意としたホロヴィッツの生霊から逃げ出すように。

一方のチャイコフスキーは得意曲だけあって、落ち着いた中にもエネルギッシュな演奏を展開している。この録音のほかにもアバド&ベルリン・フィル盤やデュトワ&ロイヤル・フィル盤があってそれぞれにエキサイティングで豪華な録音。この曲に関してはどの録音も外れはない。

ベートーヴェン《ヴァイオリン・ソナタ第5番・春》《第9番・クロイツェル》

——ギドン・クレーメル(ヴァイオリン)、マルタ・アルゲリッチ(ピアノ)(1987年、94年、DG)

ベートーヴェンの名曲2曲のカップリング。

クレーメルはキャリアの半ばから「ベルカント的な輝かしい音」を捨てた。ヴァイオリンという楽器の可能性を探り、現代音楽にも対応するためだ。ただ、歌わなくなったわけではない。

《スプリング・ソナタ》でのクレーメルはよく歌ってる。圧倒的な太陽への渇望ではない。穏やかな春の訪れ。アルゲリッチのピアノも清々しい。萌え始めた若葉を愛しむ。《クロイツェル・ソナタ》は、ほどよい緊張感の中に熟練のコンビネーション。まるで長年寄り添った夫婦、あるいはコンビのようだ。お互い何をどう弾くか深い部分で分かってる。

見事だ。

ショパン《ピアノ協奏曲第1番》《第2番》
――マルタ・アルゲリッチ（ピアノ）、シャルル・デュトワ指揮／モントリオール交響楽団（1998年、WC）

野心あふれる指揮者シャルル・デュトワがアルゲリッチに「あれを弾け、これを弾け」とワイワイ言うたびにアルゲリッチは「いやよ」と言い続けた。結果、アルゲリッチがコンチェルトで共演・録音した数はクラウディオ・アバドの方が多い。

こんなふうに、私生活では夫婦だったのに音楽家としては良きパートナーになりきれなかった2人だが、1998年にモントリオールで録音されたこのアルバムだけは別のようだ。しかも、この時はもう夫婦ではないから興味深い。

自分の人生から大切なものが失われていくことを経験した

アルゲリッチは、もう突っかかることをやめた。もちろん彼女の得意とする2曲のピアノ・コンチェルトである。匂い立つようなロマン派の香り、次の瞬間どんな光を放つか分からないアルゲリッチの輝かしい音。若き日にアバドと録音した《ピアノ協奏曲第1番》の瑞々しい感じもいいが、本作は円熟味が加わって実に聴きどころが多い。疾走する青春の譜《第2番》もスリリングで素晴らしい。

チャイコフスキー《ある偉大な芸術家の思い出のために》ほか

――マルタ・アルゲリッチ（ピアノ）、ギドン・クレーメル（ヴァイオリン）、ミッシャ・マイスキー（チェロ）（1998年、DG）

東京・すみだトリフォニーホールでのライブ録音。ショスタコーヴィチ《ピアノ三重奏曲第2番》、チャイコフスキー《ピアノ三重奏曲・ある偉大な芸術家の思い出のために》、キーゼヴェッター《タンゴ・パセティック》を収録。

ヴァイオリンのギドン・クレーメル、チェロのミッシャ・マイスキー、2人ともそれぞれの楽器奏者の第一人者。ともに旧ソ連出身のユダヤ人。弦楽器奏者の名手で非ユダヤ人を探す方が難しいが、その中でもトップの2人である。これにアルゲリッチを加えたピアノ・トリオが東京に集まった。

ショスタコーヴィチの冒頭から緊張感が伝わってくる。クレーメルはまるで現代音楽のようにヴァイオリンを弾き、アルゲリッチはあくまで淡々とピアノを弾く。この曲は難しい。《ある偉大な芸術家の思い出のために》になってようやく、ロシア臭い節回しが登場し、3つの楽器とも歌い始める。音楽が躍動し始める。

アンコールの《タンゴ・パセティック》も、そんな張りつめた数十分間の空気感をほぐすように、ラテンのリズムがしばしば弾ける。

ライブ・イン・東京　2000

――マルタ・アルゲリッチ（ピアノ）（2000年、KAJIMOTO）

本作は2000年に行われた「アルトゥーロ・ベネデッティ・ミケランジェリに捧げる」コンサートのソロ・ピアノの部分を集めて、翌2001年にリリースされたもの。当初は梶本音楽事務所（現KAJIMOTO）の会員向けの非売品だった。そして、2011年の東日本大震災のチャリティCDとして日の目を見た。

バッハの《パルティータ第2番》、ショパン《マズルカ第40番》《スケルツォ第3番》、スカルラッティ《ニ短調ソナタ》、プロコフィエフ《ピアノ・ソナタ第7番・戦争ソナタ》、ラヴェル《水の戯れ》といったアルゲリッチお得意の曲が並ぶ。

ほぼ同じ曲を1978年と79年にコンセルトヘボウで弾いている。《パルティータ第2番》も、《スケルツォ第3番》も、《戦争ソナタ》も。アムステルダムでは彼女は戦っていた。約20年がたった。アルゲリッチはもう戦っていない。《戦争ソナタ》の激しいパッセージを聴いても、突っかかってくるような不機嫌なアルゲリッチではない。

母親ファニータはもういない。父親も弟も具合がよくない。自身も病魔に冒された。思えば、彼女の人生からは去りゆくものばかりだ。アルゲリッチはそのすべてを慈しむ。この境地に達したピアニストは少ない。マウリツィオ・ポリーニはまだその風景を（多分）見ていない。

ブラームス《ピアノ四重奏曲第1番》、シューマン《幻想小曲集》

——マルタ・アルゲリッチ（ピアノ）、ギドン・クレーメル（ヴァイオリン）、ミッシャ・マイスキー（チェロ）、ユーリ・バシュメット（ヴィオラ）（2002年、DG）

2曲ともに、同じメンバーで前年の2001年にライヴ演奏を行い大成功を収めていた。そして、各楽器のトップ演奏者4人がベルリンのテレデック・スタジオに再度集まった。もうこれだけでも奇跡のようなものである。だからといって、スタジオ録音がスムーズにいくとは限らないのがクラシック音楽の世界。本作は、アルゲリッチが「扇の要」になりヴィルトゥオーゾたちによる歴史的名盤を作り上げた。

ブラームスのピアノ・カルテットは、静かな愛の炎が立ちのぼる第2楽章、火花が弾け飛ぶ第4楽章。シューマンのピアノ・トリオ（幻想小曲集）は、疾走する第1曲、内省する第2曲と第3曲。第4曲は詩情がほとばしる。

このアルバム全体に、クララ・シューマンへの愛がたく

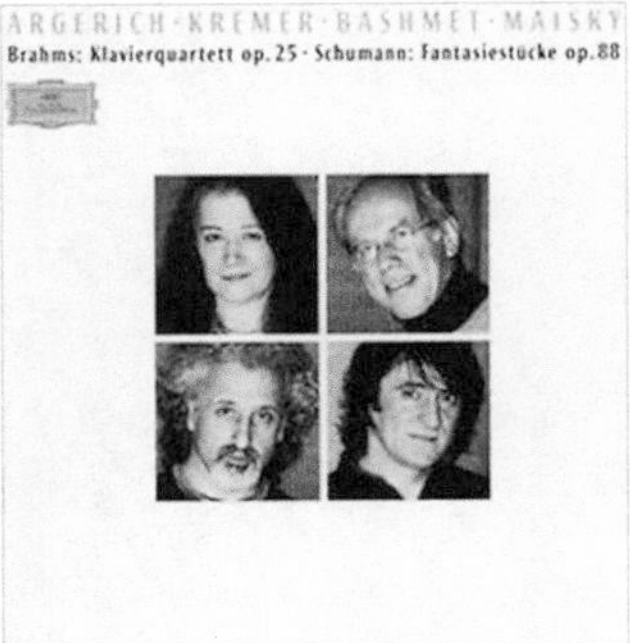

さん詰まっている。

ルガーノ・フェスティヴァル・ライヴ2010
——マルタ・アルゲリッチ＆フレンズ（2010年、WC）

2002年から2016年にスイスの「ルガーノ音楽祭」で行われていた「アルゲリッチ・プロジェクト」から、2010年のライヴ録音。

翌2011年、70歳を迎えるアルゲリッチの「アニヴァーサリー・イヤー」にリリースされたCD3枚組には、スティーヴン・コヴァセヴィチ（ピアノ）、リダ・チェン（ヴィオラ）というアルゲリッチにとっての家族が参加しているほか、ミッシャ・マイスキーの娘リリー・マイスキー（ピアノ）など、若い音楽家が集まって熱い室内楽を展開している。

コヴァセヴィチとはアルバムも出しているバルトーク《2台のピアノと打楽器のためのソナタ》で共演。リダはシュニトケ《ピアノ五重奏曲》を演奏しているほか、注目なのがアルゲリッチがヤツェク・カスプシク＆スヴィッツェラ・イタリアーナ管弦楽団とショパン《ピアノ協奏曲第1番》で共演していることだ。アルゲリッチ、実に12年ぶり（前回はデュトワ

&モントリオール響）の同曲録音となる。

この音楽祭の「アルゲリッチ・プロジェクト」の模様をすべて網羅した『ルガーノ・レコーディングズ』という22枚組のCD BOXもリリースされている。2018年からは舞台をハンブルクに移して「アルゲリッチ音楽祭」としてリスタートしている。

ベートーヴェン《ピアノ協奏曲第1番》《交響曲第1番》

——マルタ・アルゲリッチ（ピアノ）、小澤征爾指揮／水戸室内管弦楽団（2017年、DECCA）

2017年の水戸芸術館でのライヴの模様を収録。本文で同じ小澤・アルゲリッチ・水戸室内管で2019年に東京で行われた演奏会について触れた。その時、アルゲリッチが演奏したのはベートーヴェン《ピアノ協奏曲第2番》だった。本作は《第1番》。

とにかくオーケストラが巧い。奏者ひとりひとりのレベルが高く（本文でも触れたが、ソリストやらコンサート・マスターやらがゾロゾロいる）、小規模な編成の室内管弦楽団（ベートーヴェンの生きていた時代に近い編成）なので、それぞれの楽器の音がくっきりと鮮やかに浮かび上がるのだ。

アルゲリッチのピアノは瑞々しく、バランスのいいオケのアンサンブルと見事に溶け合って新鮮な響きを紡ぎ出している。実に美しい音楽だ。特に緩徐楽章（第2楽章）のピアノと弦の美しさときたら！

20世紀はベルリン・フィルのような重厚サウンドをバックにバリバリ弾くベートーヴェンが主流だったが、古楽器による演奏を経て、21世紀になってこの境地に至った。そんな一枚。

マウリツィオ・ポリーニの名盤20

ブーレーズ《ピアノ・ソナタ第2番》、ヴェーベルン《ピアノのための変奏曲》、プロコフィエフ《ピアノ・ソナタ第7番・戦争ソナタ》、ストラヴィンスキー《ペトルーシュカからの3楽章》

――マウリツィオ・ポリーニ（ピアノ）（1971年、76年、77年、DG）

ポリーニの実質のデビュー盤は、1968年にEMI（現ワーナー・クラシックス）に録音した『ショパンピアノリサイタル』というアルバム。本文中でも触れたが《ポロネーズ第5番》《ポロネーズ第6番・英雄》《夜想曲第4番》《夜想曲第5番》《夜想曲第7番》《夜想曲第8番》《バラード第1番》といった曲が並んでいて、ポリーニには珍しく若々しい音が聴ける。

本作はドイツ・グラモフォンと専属契約を結んだ後の第1弾アルバム。そして、ポリーニはガラッとレパートリーを変えてきた。最初にレコード化されたのはプロコフィエフの《戦争ソナタ》とストラヴィンスキーの《ペトルーシュカからの3楽章》である。ピアニストにしてみれば、2曲ともできれば録音したくない難曲である。その2曲を鮮やかに弾き切ってみせたのが最初のこのレコードとは！　この2曲にブーレーズ《ピアノ・ソナタ第2番》とヴェーベルン《ピアノのための変奏曲》を加えてCD化されたのが本作。ショパン弾きの素敵なポリーニ兄さん、というイメージをバリバリと破り捨て、磨き上げたメカニカルな演奏技術を惜しげもなく披露している。

ショパン《練習曲集》

——マウリツィオ・ポリーニ（ピアノ）（1972年、DG）

21世紀の今となっても「ショパンのエチュードならこれ！」というスタンダード。音楽評論家・吉田秀和による「これ以上、何をお望みですか」という名文句とともに登場した衝撃のアルバムだ。

半音階を上下しまくる「op.10－2」、それに加えて左手の強い打鍵も同時に要求される「op.25－11」（木枯らしのエチュード）、通称〝三度のエチュード〟と呼ばれる「op.25－6」

などの難曲も、こんなふうにお弾きなさいな（正しい運指法も含めて）というお手本を示しているような演奏だ。涼しい顔で。ショパン・コンクールでも予備予選の段階から課題曲にエチュードは入っていて、一廉《ひとかど》のピアニストになるなら避けては通れない道である。そんな彼らの強い味方だ。

レコードがリリースされた当時から音大生必携のアルバムだったようで、僕は同じ大学のピアノ科の友達からテープに録って貰った。これ以降、滅法スキルの高い若いピアニストを「○○のポリーニ」と呼ぶのが流行《はや》ったらしい（桐朋のポリーニとかね）。50年も前の録音とは思えない瑞々しさ、音の輝き、そしてメカニカルな完成度は脱帽ものである。マウリツィオ・ポリーニの代表的な名盤。

ノーノ《力と光の波のように》ほか

――マウリツィオ・ポリーニ（ピアノ）、クラウディオ・アバド指揮／バイエルン放送交響楽団ほか

（1973年、77年、80年、DG）

1972年にクラウディオ・アバド&ミラノ・スカラ座管弦楽団での世界初演を行った

《力と光の波のように》を、翌73年にアバド&バイエルン放送交響楽団で録音したのが本作。本文でも触れたが、チリ共産党の政治家ルシアーノ・クルツの死を悼んだ曲である。たまに顔を出すおどろおどろしいソプラノ（スラフカ・タスコヴァ）に不協和音の嵐。ポリーニは鍵盤の左側半分しか使ってない。激しい打鍵。現代音楽かくありき。

この《力と光の波のように》のほかに、《……苦悩に満ちながらも晴朗な波……》、マンゾーニ《質量―エドガー・ヴァレーズ賛》を収録。こちらもバリバリの現代音楽。《……苦悩に満ちながらも晴朗な波……》ではポリーニの高音部の打鍵が冷たい雹《ひょう》のように降り注ぐ。あるいは冷たい月の滴《しずく》。ときおり不機嫌な低音部が顔を出す。なんと硬質なピアノの音。

《質量―エドガー・ヴァレーズ賛》は、ジュゼッペ・シノーポリ&ベルリン・フィルハーモニー管弦楽団との共演。静かに不協和音を奏で続けるオーケストラにポリーニのピアノが呼応する。饒舌になるピアノが語る意味を、我々は理解できそうもない。

はてさて、これが名盤ですかと読者の方に叱られそうだが、ポリーニというピアニストを理解するには、この録音とシェーンベルク《ピアノ作品集》を聴かねばもぐりと呼ばれます。多分。

シューベルト《さすらい人幻想曲》、シューマン《幻想曲》
――マウリツィオ・ポリーニ（ピアノ）（1973年、74年、DG）

ある時期は〝幻の名盤〟と呼ばれていた。CD再発時にメーカーのラインナップから外れていたり、限定盤だったりしたためだ。

ポリーニの美しい響きと構成力が素晴らしい、完璧なテクニックによる幻想的な世界、などといった声が上がる一方で、ピアノが鳴っていない、冷たすぎる、など賛否両論あったアルバム。

そう、まるで扱いづらい友達のようだ。いつ聴いても、いいなぁと思えるわけではない。だけどコンディションがいい時に聴くと、お、と思わされる瞬間が多い。相変わらずの美しい響き。流麗なレガート。分散和音の連続だが一切の淀みはない。そうすると、作品そのもののフォルムがスーッと浮かび上がってくる。シューベルトという作曲家の力量、創造性。ポリーニの盟友・指揮者ピエール・ブーレーズが楽曲の

スコアを明晰に再構築するあまり〝レントゲン〟との異名を取っていたが、ポリーニも同様に楽曲を丸裸にする。

ポリーニはこの2曲をまな板の上に載せてこう問うている。ときにシューベルトのファンタジック、シューマンのファンタジックのお味はどうですか、と。涼しい顔で。

シェーンベルク《ピアノ作品集》

――マウリツィオ・ポリーニ（ピアノ）（1974年、DG）

シェーンベルクの主だったピアノ小品を収録。グレン・グールドの『シェーンベルク作品集』を聴くと、ああこの人はポリフォニー音楽が嫌いなんだな、ということがよく分かる。和音があって旋律がある関係（音楽）は肌に合わない。シェーンベルク作品にはそんなベタベタした関係がない。弾いていて気持ちがいいと。そのくせ聴く者を突き放す、嘲《あざけ》る、冷たいトーンが貫かれていた。

ポリーニのアプローチは全く違う。徹底したスコア分析、様々な響きを試みる。作曲家の意図を探る。それにもまして音も響きも美しい。

シェーンベルクが美しくていいのか。彼は美しさ、麗しさ、そんなこんなを排除したくてセリー（無調音楽）を作り出したのではないのか。

いやそんなことはないんだよ、とポリーニはピアノで語りかけているのだ。まずは音楽を聴こう、と。

ショパン《ポロネーズ集》

――マウリツィオ・ポリーニ（ピアノ）（1975年、DG）

《第3番・軍隊》《第6番・英雄》《第7番・幻想》など人気曲が並ぶ《ポロネーズ集》。

ポロネーズはマズルカと並ぶポーランドの民族舞踏（4分の3拍子）。当然のことながら左手のリズム感性が重要で、3拍目に気持ちを残さないと音楽自体がうまく転がっていかない（ホロヴィッツは左手が絶妙だった）。微妙にずれる右手と左手。揺れまくるテンポ。スコア通りに弾いても様にならない難しさがある。つまりは、ピアニストとしてのセンスが問われる曲なのだ。

ポリーニのポロネーズは、力強く、しなやかなリズムと卓越したスキルで一気に弾き切る。

それも、《軍隊ポロネーズ》や《英雄ポロネーズ》より、7曲目の《幻想ポロネーズ》の方がポリーニらしさが出ていて好感が持てる。6曲のポロネーズを弾いたあと、やっと自分の庭に戻ってきたような懐かしさと安堵感《あんどかん》が漂う。

ベートーヴェン《ピアノ協奏曲第4番》《第5番・皇帝》

――マウリツィオ・ポリーニ（ピアノ）、カール・ベーム指揮／ウィーン・フィルハーモニー管弦楽団（1976年、78年、DG）

若き日のポリーニと、ベーム率いるウィーン・フィルという〝名器〟との見事なコラボ。ベームの懐の深いサポートに支えられた、威風堂々たる《皇帝》である。録音のバランスもいい。今聴いても約50年前の録音とは思えない瑞々しさ。ムジークフェラインザールの残響の美しさよ。《4番》もそうだが、オーケストラの響きの美しさにしばし聴き入ってしまうアルバムだ。

ただし、CDだとやや入手困難のようなので、配信でお聴きになるといいかもしれない。

ベートーヴェンの《ピアノ協奏曲全集》はクラウディオ・アバド&ベルリン・フィルハー

モニー管弦楽団と完成させている（こちらは1992年から93年の録音）。もちろん、《第4番》《第5番・皇帝》も収録されているので、ベルリン・フィルという〝名人オケ〟との共演の模様も機会があれば、是非。

ブラームス《ピアノ協奏曲第2番》
——マウリツィオ・ポリーニ（ピアノ）、クラウディオ・アバド指揮／ウィーン・フィルハーモニー管弦楽団（1976年、DG）

通常は3楽章で構成されるピアノ・コンチェルトにあってブラームスの《ピアノ協奏曲第2番》は4つの楽章を持つ。交響曲にピアノ・パートが加わったような重厚なテクスチュア。並のピアニストは手をつけたがらない。なぜならピアノの音が痩せてしまうからだ。

そしてウィーン・フィルのブラームス。それだけでロマン派の世界にどっぷり浸れる音の洪水の中、ポリーニのピアノ

は凛《りん》とした輪郭を保ちながら19世紀の甘く、芳しい世界と同調する。オーケストラも咆哮する。緩徐楽章（第3楽章）ではポリーニの中にある歌心が発露する。弦もピアノも美しい。そして切ない。

最終楽章（第4楽章）では一転して巻き起こる重厚なトゥッティ。オーケストラ音楽の嵐。そして大団円。

熱演である。

バルトーク《ピアノ協奏曲第1番》《第2番》

――マウリツィオ・ポリーニ（ピアノ）、クラウディオ・アバド指揮／シカゴ交響楽団（1977年、DG）

シカゴ交響楽団でバルトークと聞けば、フリッツ・ライナー＆シカゴ響による《管弦楽のための協奏曲》（通称オケコン）と《弦楽器と打楽器とチェレスタのための音楽》（通称弦チェレ）がカップリングされた名盤を思い出す。バルトークの管弦楽は、大胆かつ立体的なリズム造形が特長。そして、難解である。

バルトークの《ピアノ協奏曲》は、しっかりと芯を持つピアノの音が要求される。貧弱なピアノの音だとスペクタクルなオーケストラのトゥッティに埋没してしまうからだ。そこは我らがポリーニ、美音だけではない。しっかりとピアノを鳴らしつつ、全米屈指の〝ヴィルトゥオーゾ・オーケストラ〟（シカゴ響はアメリカのオーケストラの中ではとびきり巧い）と渡り合っている。屈強な音で。涼しい顔で。打楽器としてのピアノの特性を理解していなければこんな演奏はできない。

アバドのサポートがまた絶妙。オーケストラを好きにドライブさせつつ、ピアニストが弾きやすい環境を瞬時に整える。瞬時ですよ。ベルリン・フィルのシェフとしてはカラヤンほどの名声を得られなかった印象があるが、アルゲリッチもポリーニもアバドと同世代で良かったと思っているはず。多分。

ブラームス《ピアノ協奏曲第1番》

――マウリツィオ・ポリーニ（ピアノ）、カール・ベーム指揮／ウィーン・フィルハーモニー管弦楽団（1979年、DG）

ブラームスの《交響曲第2番》や《第3番》の初演を行うなど、ウィーン・フィルはブラームスとの親和性が高い。いわば、気ごころ知れた間柄というやつだ（その都度オケのメンバーは代わったとしても……）。そして、首席指揮者を置かなくなって久しいウィーン・フィルの楽団員が最も信頼したのは、ヘルベルト・フォン・カラヤンではなくカール・ベームその人だった。

ベームのブラームスは19世紀的〝形式美〟を踏まえた古式ゆかしい音。ポリーニも普段のきらきらした音色を封印し、オーケストラに声色を合わせ、時に嘆き、時に歌っている。アバド＆ウィーン・フィルと録音した《ピアノ協奏曲第2番》の〝静かな熱狂〟はないが、ベームのバトンとともにひたひたと青い炎を立ち上らせているのだ。

2011年と13年に、ポリーニが70歳を過ぎて録音したクリスティアン・ティーレマン＆ドレスデン・シュターツカペレと《ピアノ協奏曲第1番》《第2番》を共演した際のライヴ録音もリリースされているが、あまり話題にはならなかった。残念ながら。

ベートーヴェン《ピアノ・ソナタ第17番・テンペスト》《第21番・ワルトシュタイン》《第25番》《第26番・告別》

――マウリツィオ・ポリーニ（ピアノ）（1988年、DG）

ピアニストにとってベートーヴェンの《ピアノ・ソナタ全集》録音はひとつの到達点だ。ポリーニもこのプロジェクトを1975年にスタートさせた。2014年になってやっと完成をみた。忙しいピアニストだ。集中的に全集を録音できるスケジュールの余裕はない。それでもひとつひとつ、合間を縫ってスタジオに入る。何から何まできちんと仕事をする粘り強い音楽家だ。

澄んだ水面に、くっきりとベートーヴェンの顔が浮かび上がるような《テンペスト》。どこまでもクリアで、曖昧さはまったくない。「端正な演奏」の中から垣間見える「苦悩」や「逡巡」。

《ワルトシュタイン》の何と晴れやかな第3楽章、躍動する《第25番》、《告別》は明るすぎる別れの挨拶。仕方がない。マウリツィオ・ポリーニはカンタービレの国の人なのだから。

もちろん全集をポンと買って時間をかけて楽しむのが一番だが、同じ全集から《第8番・悲愴》《第14番・月光》《第23番・熱情》の人気曲3曲がカップリングされた1枚もあるので、まずはそちらをお求めになってもいい。

シューマン、シェーンベルク《ピアノ協奏曲》
――マウリツィオ・ポリーニ（ピアノ）、クラウディオ・アバド指揮／ベルリン・フィルハーモニー管弦楽団（1988年、89年、DG）

シューマンの冒頭の有名なフレーズを、ポリーニはテンポを落として歌ってる。緩徐楽章（第2楽章）でもオケが歌ってるし、ポリーニのピアノも甘く囁《ささや》いている。ちょっと端正だけど。そのまま突入する第3楽章は、オーケストラとポリーニの見事なランデブー。それにしても、アバドは合わせものが上手い。

一方のシェーンベルクは、ポリーニもベルリン・フィルもまるでベートーヴェンのコンチェルトのように演奏してる。不協和音さえも美しく響かせていいのか。重厚で制御の利いたオーケストラもちゃんとドライブしている。だが、やっぱり解決を見ない唐突な終焉。友よ、シェーンベルクだ。それにしても、アバドは合わせものが上手い。

ベートーヴェン《ディアベッリ変奏曲》

——マウリツィオ・ポリーニ（ピアノ）（1998年、DG）

大作《ミサ・ソレムニス》を作曲中のベートーヴェンが、ウィーンの出版商アントン・ディアベッリからオリジナル曲の変奏曲をリクエストされて作った曲。とはいえ、33ものバリエーションはすでにディアベッリの手を離れ、鍵盤の上に小宇宙を形成している。バッハ《ゴルトベルク変奏曲》と並び称されるように、ベートーヴェンには珍しく自由な発想が駆け巡ってる感じがいい。

そんな変奏曲をピアノ・ソナタ全集を完成させ肩の荷が下りたポリーニが、草原を吹き抜ける風のように軽やかに弾き切っている。音色の変化、低音の響かせ方、リズム造形、何よりも生き生きとした躍動感が素晴らしい。

ショパン《4つのバラード》《幻想曲》ほか

――マウリツィオ・ポリーニ（ピアノ）（1999年、DG）

収録されているのは《バラード第1番》《第2番》《第3番》《第4番》、《前奏曲第25番》、《ヘ短調幻想曲》。

一見、渋めの選曲ながらその実、火花の飛び散るような演奏が聴ける。スコアに忠実なポリーニ、というイメージへの反撥なのか、（ポリーニにしては）大胆なテンポ・ルバート、そして大きな構成力。

そりゃそうだ。「バラード」を「エチュード」のように弾かれても聴く側が困る。巨匠へのプロセスにある天才ピアニストの堂々たるショパン。研ぎ澄まされた技巧とセンスの良さがギュッと詰まってる。そして、若い頃には望むべくもなかった色気も漂う。

そして、ポリーニは、このまま酸いも甘いも知り尽くす大人のノクターン（2005年録音）へと向かう。

シューマン《ダヴィッド同盟舞曲集》《ピアノ・ソナタ第3番》

——マウリツィオ・ポリーニ（ピアノ）（2000年、DG）

元々は1837年にロベルト・シューマンではなくフロレスタンとオイゼビウスというペンネームで自費出版されたのが《ダヴィッド同盟舞曲集》。「ダヴィッド同盟」というのは架空の団体で、保守的で古い体制を打破し新しい芸術のために戦う人の集団（クララとの結婚を許してくれない父親への当て付けか）だという。フロレスタンとオイゼビウスはその団体のリーダーだ。何だか〝遊び心〟満載の曲だが、18からなる短い曲のどれもが日々変わってゆくシューマンの心を映す鏡のようだ。楽しく、切なく、儚い。クララから婚約の承諾を得て書いたともいわれていて、私小説を読むように楽しい。ポリーニは録音に際し、このフロレスタンとオイゼビウスというペンネームで書かれた1837年の初稿を採用している。

この後、どんどん内省的になっていくシューマン作品にあって、ポリーニは《ピアノ・ソナタ第3番》も1853年の改訂版ではなくあえて1836年の版（初稿）を使用。当初は5つの楽章で構成されていたが、2つのスケルツォを割愛し第3楽章まで「初稿」として出版した。1853年の「改訂版」で割愛したスケルツォを復活させて4楽章にしたのだ。ゆえに本作でポリーニが弾いたのは第3楽章まで。「管弦楽のない協奏曲」と異名をとる大曲だが、若き日のシューマンの野心や、狂おしい恋心や、逡巡や、懊悩や、異議申し立て(?!)を丁寧に掬《すく》いとる。

ショパン《夜想曲集》

——マウリツィオ・ポリーニ(ピアノ)(2005年、DG)

私は長らくアルトゥール・ルービンシュタインの《夜想曲集》を愛聴していた。さんざん遊び呆けた男のノクターンは深みと渋みがあった。ニヒリズムというやつだ。

そういえば、ルービンシュタインはポリーニの背中を中指で押し、タッチの妙義を伝授した(本文でも触れた)。まさに、このタッチだ。ポリーニのノクターンは月の光のように妖《あや》しく輝く。声を出して嘆いたり、泣いたりもしない。ブラームスの《後期ピアノ作品集》(op.117〜119あたり)のように深刻ぶったりもしない。絶妙のタッチから紡ぎ出されるピアニッシモは、えも言われぬほど美しくて儚い。これを弾いているのはポリーニなのか。いや、ポリーニしかこんなノクターンは弾けない。

本作は《夜想曲集第1番》～《第16番》《第19番》を収録。残る《第17番》《第18番》《第19番》を加えて《夜想曲全集》とするタイトル（CD）もある。だが、遺作の《第20番》（映画『戦場のピアニスト』で使われていた）《第21番》は収録されていない。

モーツァルト《ピアノ協奏曲第17番》《第21番》

――マウリツィオ・ポリーニ（ピアノ・指揮）／ウィーン・フィルハーモニー管弦楽団（２００５年、ＤＧ）

２００６年のモーツァルト・イヤー（生誕２５０年）に向けて企画されたポリーニのモーツァルト弾き振り。ライヴ録音。カール・ベームが愛したポリーニの端正なピアニズムとウィーン・フィルの古き佳き響きが奏でるハーモニー。両者の美質がほどよく生かされている。ポリーニの涼しげな音。クリスタルな音。アンダンテの甘い囁き。まろやかなオケの響きもいい。これぞモーツァルト。

70年代にベーム&ウィーン・フィルで録音されたモーツァルトのコンチェルト、とりわけ《第23番》《第19番》がカップリングされたレコードは多くのマニアの愛聴盤になっていた。

本作もそうした名盤として残っていくに違いない。

バッハ《平均律クラヴィーア曲集第Ⅰ巻》

――マウリツィオ・ポリーニ（ピアノ）（２００８年、２００９年、ＤＧ）

67歳にして初めてのバッハ録音。パワフルにバリバリ弾いていた若い頃のポリーニには、きっとこんなバッハは弾けなかっただろう。音の美しさは相変わらず。特に弱音は比類なき美しさ。確かなテクニックできちっと制御された24すべての「調」で織りなす小宇宙。あるいは、神の秩序。

聞けば、ドイツ・グラモフォン側は何度もバッハ録音をリクエストしたらしいがポリーニが首を縦に振らなかったという。

そもそも現代のピアノのパフォーマンスを想定して作曲された曲ではない分、スコア読み自体が難しい。こう弾きゃいいんだよ、とグールドのように弾くのもアリ、グルダのようにセンスの良さで弾くのもアリだが、ポリーニはじっくりと時間をかけて考察した。コンサートでは何度か演奏していく中で、彼なりの「平均律」の世界観を構築したのだ。

ショパン《ピアノ・ソナタ第3番》《子守歌》《3つのマズルカ》《2つの夜想曲》

――マウリツィオ・ポリーニ（ピアノ）（2018年、DG）

70歳を過ぎてのショパン録音。18歳でショパン・コンクールを制してから随分と時間がたった。50年以上が過ぎたのだ。アルゲリッチの演奏スタイルが歳《とし》とともに変化したように、ポリーニもまた変化を遂げた。どんなふうに?!

このアルバムの《ピアノ・ソナタ第３番》は出色。粒だった明るい音はそのままで、深い年輪を感じさせる、肩の力が抜けた名演。２０１８年の来日コンサートで披露し評判になったあの《ピアノ・ソナタ第３番》だ。

この曲のほか、《マズルカ第33番》《第34番》《第35番》《夜想曲第15番》《第16番》《変ニ長調子守歌》を収録。一見してバラバラに見えるが、実は「op.55」から「op.58」というショパンが30代前半の一時期に集中的に書いた作品群である。そして、「マズルカ」３曲以外は再録音となる。ここでは若い頃のような「メカニカルなピアニスト」の面影はない。ただ、このアルバムと前後して、腕のダメージのため日本公演を延期したり休演したりした。もう演奏活動には復帰しているようだが、ファンとしては心配である。

ドビュッシー《前奏曲集第2巻》《白と黒で》

――マウリツィオ・ポリーニ（ピアノ）、ダニエレ・ポリーニ（ピアノ）（2016年、DG）

1992年の《12の練習曲》、1998年の《前奏曲集第1巻》に続くドビュッシー録音になる。《前奏曲集第2巻》と息子ダニエレとのピアノ・デュオによる《白と黒で》をカップリング。

ドビュッシー《前奏曲集》は師匠ミケランジェリが世紀の名盤を残しているだけに、その呪縛を断ち切るのに時間がかかったようだが、《第1巻》同様、本作もポリーニの美音と精緻なテクニックが存分に生かされている名演。カラフルな音色の変化、楽器の鳴りもいい。《白と黒で》は何と華やかな音。パートナーのダニエレ・ポリーニの伸びやかなピアニズムが気持ちいい。

ダニエレ・ポリーニは2018年にドイツ・グラモフォンからデビューCDをリリースしている。早い段階で指揮者として活動を始めているダニエレだが、若年化するクラシック界にあってピアニストとしては40歳という遅いCDデビュー。デビュー・アルバムでは、父親ばりのショパン《12の練習曲》やスクリャービンを披露している。

あとがき

高校1年の夏休み、アメリカに1ヶ月ホームステイした。1978年のことだ。その時に知り合ったキャッシー・シュミットという20代（当時）の女性に「ひろむは将来何になりたいの？」と訊かれ、「ペーパーバック・ライターだよ」と答えたことがある。「ノベリストになりたい」というのが気恥ずかしかったのだ。ビートルズが歌うペーパーバック・ライター。レコードのライナーノーツには「三文文士」という訳がついていたはずだ。

数年前、サリンジャーの『キャッチャー・イン・ザ・ライ』のペーパーバック版が出た時、あ、ペーパーバックはこの判型だったのかと思った。ひとまわり大きいがほぼ新書と同じ判型だ。ならば、新書ばかり書いている私はペーパーバック・ライターというわけか。キャッシー、どうにかペーパーバック・ライターになったよ。

キャッシーと喋っている時、テレビでは黒くて長い髪の女性ピアニストが面白くもなさそうにバッハを弾いていた。それも凄く速いテンポで。キャッシーが「ああ、マーサはいいよね」と言っていたのを最近、思い出した。マルタの英語読みはマーサ。そうか、あれはマルタ・アルゲリッチだったのか。何という偶然――。

この本を書くことを、1978年にテレビでバッハを弾くアルゲリッチと、日本に留学経験があって『パンチDEデート』にも出たことのある日本語ぺらぺらのキャッシーが導いてくれた、と考えると少し楽しくなる。

このホームステイではホストファミリーに連れて行かれたカトリック教会の賛美歌を聴いて「何て美しい音楽なんだ!」と感激したことがあった。これがクラシック音楽にのめり込むきっかけになった（このエピソードはラジオでも喋った）。

1978年。マルタ・アルゲリッチはアレクサンドル・ラビノヴィチと知り合った。マウリツィオ・ポリーニには長男ダニエレが誕生した。私はペーパーバック・ライターになると宣言した。ビバ、1978年――。

そして、ダニエレは立派な指揮者・ピアニストになった。アレクサンドル・ラビノヴィチはひどくセルフィッシュな男だが何とかやってる。私は何冊目かのペーパーバックを書いている。

願わくば、みんな長生きしますように——。マルタ・アルゲリッチも、マウリツィオ・ポリーニも、小澤征爾も、ポール・マッカートニーも、アレクサンドル・ラビノヴィチも。キャッシー・シュミットも元気だったら嬉しい。

前著『ユダヤ人とクラシック音楽』でお世話になった光文社新書の小松現氏には、今回もお世話になった。前著のあとがきで書けなかったので2冊分の御礼を申し上げます。

カバーデザインの大場君人さん、お世話になりました。

イラストレーターのいとうまりこさんも、素敵なイラストありがとうございました。

読者の皆様にも。ありがとうございます。

本間ひろむ

２０１９年12月

参考文献

『マルタ・アルゲリッチ 子供と魔法』オリヴィエ・ベラミー／藤本優子訳（音楽之友社）
『ミケランジェリある天才との綱渡り』コード・ガーベン／蔵原順子訳（アルファベータ）
『カルロス・クライバー ある天才指揮者の伝記』アレクサンダー・ヴェルナー、喜多尾道冬・広瀬大介訳（音楽之友社）
『ピアニストが語る！（現代の世界的ピアニストたちとの対話 第一巻）』焦元溥・森岡葉訳（アルファベータブックス）
『ピアノ音楽の巨匠たち』ハロルド・C・ショーンバーグ／後藤泰子訳（シンコーミュージック・エンタテインメント）
『ピアニストという蛮族がいる』中村紘子（文春文庫）
『ピアニストたちの祝祭』青柳いづみこ（中央公論新社）
『ショパン・コンクール』青柳いづみこ（中公新書）
『ショパン・コンクールを聴く』舩倉武一（アルファベータブックス）
『キンノヒマワリ　ピアニスト中村紘子の記憶』高坂はる香（集英社）
『音楽の友』２０１０年12月号（音楽之友社）
『最新ピアノ&ピアニスト』音楽の友編（音楽之友社）
そのほか、ドキュメンタリー・フィルム、ＣＤのライナーノーツ、関連サイトの記述も参考にしました。

本文イラスト／いとうまりこ
目次・本文見出しフォーマット／大場君人

本間ひろむ（ほんまひろむ）
1962年東京都生まれ。批評家。大阪芸術大学芸術学部文芸学科中退。専門分野はクラシック音楽評論・映画批評。著書に『ユダヤ人とクラシック音楽』（光文社新書）、『ヴァイオリンとチェロの名盤』『ピアニストの名盤』『指揮者の名盤』（以上、平凡社新書）、『3日でクラシック好きになる本』（KKベストセラーズ）ほか。新聞・雑誌への寄稿のほか、ラジオ番組出演、作詞作曲も手がける。オフィシャルサイト“hiromu.com”（http：//hiromu.com）。

アルゲリッチとポリーニ　ショパン・コンクールが生《う》んだ2人《ふたり》の「怪物《かいぶつ》」

2020年1月30日初版1刷発行

著　者 ── 本間ひろむ
発行者 ── 田邉浩司
装　幀 ── アラン・チャン
印刷所 ── 堀内印刷
製本所 ── ナショナル製本
発行所 ── 株式会社光文社
東京都文京区音羽1-16-6（〒112-8011）
https://www.kobunsha.com/
電　話 ── 編集部03（5395）8289　書籍販売部03（5395）8116
業務部03（5395）8125
メール ── sinsyo@kobunsha.com

　ISBN 978-4-334-04453-4

1042
科学的に正しい子育て
東大医学部卒ママ医師が伝える
森田麻里子
ママであり医師でもある著者が、医学論文約170本を徹底リサーチして生まれた、いま最も「使える」育児書。世界の最新研究を知るだけで、もう育児に迷わない！ 楽になる！
978-4-334-04452-7

1043
アルゲリッチとポリーニ
ショパン・コンクールが生んだ2人の「怪物」
本間ひろむ
「生きる伝説」2人はどんな人生を歩み、演奏スタイルを追求してきたのか。音楽的事象を軸に綴りながら、20世紀後半から現在までのクラシック音楽史を描き出す。【名盤紹介付き】
978-4-334-04453-4

1044
アイロニーはなぜ伝わるのか？
木原善彦
「言いたいことの逆」を言っているのに、なぜ相手に意図が伝わるのか？ 人間が操る修辞の、技術的な結晶であるアイロニーの可能性を、古今東西の文学を通じて探っていく。
978-4-334-04454-1

1045
21世紀落語史
すべては志ん朝の死から始まった
広瀬和生
「志ん朝の死」で幕を開けた21世紀の落語界。その現在に至るまでの出来事を、落語ファンとして客席に足を運び続けた立場から振り返り綴る。「激動の時代」を後世に伝える一冊。
978-4-334-04455-8

1046
中学の知識でオイラーの公式がわかる
鈴木貫太郎
天才の数式は最低限の知識で誰でもわかる。数学0点で再生2200万回超のユーチューバーが保証。動画もあるから迷わない。目指すのは丸暗記ではなく真の理解。予習ナシで今出発！
978-4-334-04456-5